단 한번의 승부로 끝내는
한자능력 검정시험
5~8급

한자능력 검정시험 5~8급

초판 1쇄 발행 | 2009년 07월 25일
초판 6쇄 발행 | 2026년 02월 15일

엮은이 | 송종훈
발행인 | 김선희 · 대 표 | 김종대
펴낸곳 | 도서출판 매월당
책임편집 | 박옥훈 · 디자인 | 윤정선 · 마케터 | 양진철 · 김용준

등록번호 | 388-2006-000018호
등록일 | 2005년 4월 7일
주소 | 경기도 부천시 소사구 중동로 71번길 39, 109동 1601호
       (송내동, 뉴서울아파트)
전화 | 032-666-1130 · 팩스 | 032-215-1130

ISBN 978-89-91702-49-3 (13710)

· 잘못된 책은 바꿔드립니다.
· 책값은 뒤표지에 있습니다.

단 한번의 승부로 끝내는
한자능력 검정시험

5~8급

매월당
MAEWOLDANG

한자는 기원전 중국 신화시대 황제의 신하 창힐이 눈에 찍힌 새 발자국을 보고 만들었다는 것이 정설로 전해지고 있다. 최근 들어 한자의 창제를 놓고 동이족이 만들었다는 설도 나오면서, 한자가 중국의 문자가 아닌 우리나라의 문자라는 주장도 나오고 있다. 그러나 이 한자를 중국이 만들었던, 우리의 선조가 만들었던 현재 우리나라에서 한자를 사용해 온 것이 2천여 년을 넘고 있고 현재 우리가 사용하고 있는 어휘의 70% 이상이 한자로 되어 있다는 것은 우리나라의 모든 학문과 생활 역시 한자 문화의 영향권 아래 있다는 것을 입증하고 있는 것이다.

이는 한자를 이해하지 않고는 우리의 모든 역사, 학문, 그리고 일상 생활에 있어서의 의사소통 역시 정확히 이해할 수 없다는 것을 의미하는 것이다.

최근 들어 한자 교육에 대한 새로운 관심이 늘어나면서 한자를 공부하려는 학생들이 늘어나고 있지만, 단순히 급수를 따기 위한 공부가 아닌가 하는 점은 한자에 대한 관심이 늘어나는 만큼의 걱정도 되고 있다. 한자는 급수를 따기 위한 것이 아니라 우리나라를 포함한 동양의 옛 문화를 이해하고 현재의 우리를 이해하기 위한 가장 기본적인 방법이기 때문이다.

그래서 한자는 단순한 중국만의 문자가 아니고, 동양 모든 나라의 공통적이며 보편적 문화이며 거대한 유산이다. 그래서 이제는 한자가 아니라, 'Asian Sign, Asian Code'라고 불리고 있는 것이 사실이다.

코드를 알아야 접근이 가능하듯이 이제 한자를 통해 동양의 세계관, 사상관, 역사관을 이해하며, 이를 통해 현대의 생활 속에서 우리 문화와 생활의 바탕에 깔려 있는 근본적인 삶의 자세와 세상살이에 대한 새로운 지혜를 찾아보도록 하자.

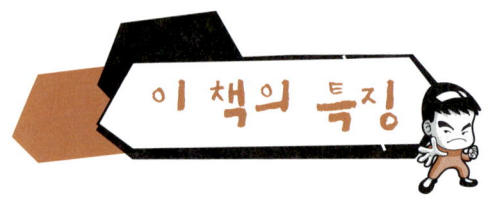

이 책의 특징

본서는 한국어문회의 출제 기준에 맞춰 구성되었으며, 기존의 엄청난 부피의 수험서에서 탈피해 최대한 휴대에 편리하도록 제작하였다.

공부 방법

- 각 급수별 한자에 대해 부수·획수·음·훈을 정리하였고, 각 글자별 예제와 글자별 비슷한 글자와 반대 글자를 수록하였다.
- 권말에 고사성어, 동음이의어(同音異議語), 혼동하기 쉬운 글자들, 뜻이 같거나 반대인 글자를 수록하였고, 중간 중간 동양 고전의 주옥같은 구절들을 수록하였다.
- 끝으로 급수를 따기 위해 한자만을 암기하는 것보다는 그 한자가

들어간 단어 또는 문장을 읽고 외워 내 것을 만드는 것이 보다 커다란 의미의 급수를 따는 것이 될 것이라는 확신이 든다.

"將欲千里目, 更上一層樓"
천리를 다 보고 싶으면 한층 더 올라가라!

모쪼록 한자 공부를 통해 새로운 세상을 볼 수 있는 계기를 만드시기를 간절히 바라는 바이다.

이 책을 펴내며 • 4

이 책의 특징 • 6

한자능력검정시험 안내 • 10

육서 · 부수 • 19

－육서 • 20

－한자 부수의 원리 • 26

8급 배정한자 • 35

7급 배정한자 • 43

6급 배정한자 • 57

5급 배정한자 • 77

필순 • 103

유형별 한자 • 155

- 한 자에 둘 이상의 다른 음이 있는 글자(同字異音語) • 156
- 혼동하기 쉬운 한자 • 162
- 뜻이 비슷하거나 반대되는 한자, 한자어 • 174
- 약자 • 181
- 사자성어 • 183

8급~5급 기출예상문제 • 267

정답 • 291

전국한자능력검정시험 응시요강

1. 안내

주최	사단법인 한국어문회
주관	한국한자능력검정회
횟수	1년에 3회
응시자격	전국한자능력검정시험은 모든 급수에 누구나 응시 가능합니다. 재학여부, 학력, 소속, 연령, 국적 등에 상관없이 원하는 급수에 응시할 수 있습니다.
문의	사단법인 한국어문회 문의전화 : 1566-1400 홈페이지 : http://www.hanja.re.kr

2. 유의사항

- 공인급수는 1급 · 2급 · 3급 · 3급II이며, 교육급수는 4급 · 4급II · 5급 · 6급 · 6급II · 7급 · 8급입니다.
- 특급 · 특급II는 민간자격으로, 본회 1급 합격자에 한해 응시할 수 있습니다.
- 전국한자능력검정시험 18회부터 28회까지 한자능력급수 4급 취득자는 국가공인자격으로 평생 유효합니다.
- 응시원서는 방문접수기간 동안 각 고사장의 해당 접수처에서 교부하며, 개인접수는 1인당 10매 이하만 접수할 수 있습니다.
- 고사장 수용인원에 따라 고사장별로 조기 마감될 수 있습니다.
- 방문접수 시간은 09:00부터 18:00까지입니다. 단, 방문접수 마감시간은 각 접수처의 근무시간에 따라 다를 수 있습니다.
- 인터넷접수 시간은 인터넷 접수 시작일 09:00부터 인터넷 접수 마감일 24:00까지입니다. 계좌이체로 결제하실 경우는 인터넷접수 기간 내 해당 은행 영업 시간 동안에만 접수할 수 있습니다.
- 인터넷접수는 www.hangum.re.kr에서 전국 고사장을 대상으로 실시합니다.
- 시험 당일 반드시 접수하신 해당 고사장에서 지원 급수로 응시하여야 하며, 타 고사장에서 응시하거나, 지원한 급수가 아닌 타 급수로 응시한 경우는 0점 처리됩니다.

- 제출된 원서(사진 포함)는 반환하지 않습니다.

3. 접수방법

방문접수

- 접수급수 : 모든 급수(1급-8급)
- 접수처 : 각 고사장 지정 접수처
- 접수방법

응시급수 선택	준비물 확인	원서작성 및 접수	수험표 확인
급수배정을 참고하여, 응시자의 실력에 알맞은 급수를 선택합니다.	-반명함판사진 3매 (3×4cm · 무배경 · 탈모) -급수증 수령주소 -응시자 주민번호 -응시자 이름 (한글 · 한자) -응시료 -본회 1급 급수증 원본 (특급 · 특급II 지원자에 한함)	응시원서를 작성한 후, 접수처에 응시료와 함께 접수합니다. 특급 · 특급II 지원자는 접수 시 본회 1급 급수증 원본을 제시하세요.	접수완료 후 받으신 수험표로 수험번호, 수험일시, 응시고사장을 확인하세요.

인터넷접수

- 접수급수 : 모든 급수

- 접수처 : www.hangum.re.kr
- 접수방법 : 인터넷접수처 게시

4. 검정료

특급·특급Ⅱ·1급	2급·3급·3급Ⅱ	4급·4급Ⅱ·5급·6급	6급Ⅱ·7급·8급
35,000	18,000	13,000	12,000

- 창구접수 검정료는 원서 접수일부터, 마감 시까지 해당 접수처 창구에서 받습니다.
- 인터넷으로 접수하실 경우 위 검정료에 접수 수수료가 추가됩니다.

전국한자능력검정시험 수험정보

1. 시험시간

특급·특급Ⅱ	1급	2급·3급·3급Ⅱ	4급·4급Ⅱ·5급·6급·6급Ⅱ·7급·8급
100분	90분	60분	50분

- 응시자는 시험 시작 20분 전까지 고사실에 입실하셔야 하며, 동반자는 20분 전까지 고사장 밖으로 퇴장하셔야 합니다.

- 답안 작성이 완료된 분은 언제든 퇴실 가능합니다. 고사장 밖으로 퇴장해야 하며, 시험 완료까지 고사장 안으로 재입장할 수 없습니다.

2. 급수배정

급수	읽기	쓰기	수준 및 특성
특급	5,978	3,500	국한혼용 고전을 불편 없이 읽고, 공부할 수 있는 수준
특급II	4,918	2,355	
1급	3,500	2,005	
2급	2,355	1,817	일상 한자어를 구사할 수 있는 수준
3급	1,817	1,000	신문 또는 일반 교양서를 읽을 수 있는 수준
3급II	1,500	750	4급과 3급의 격차를 해소하기 위한 급수
4급	1,000	500	초급에서 중급으로 올라가는 급수
4급II	750	400	5급과 4급의 격차를 해소하기 위한 급수
5급	500	300	학습용 한자 쓰기를 시작하는 급수
6급	300	150	기초 한자 쓰기를 시작하는 급수
6급II	300	50	한자 쓰기를 시작하는 첫 급수
7급	150	–	한자 공부를 처음 시작하는 분을 위한 초급단계
8급	50	–	미취학생 또는 초등학생의 학습동기 부여를 위한 급수

- 상위급수 한자는 하위급수 한자를 모두 포함하고 있습니다.
- 쓰기 배정 한자는 한두 급수 아래의 읽기 배정한자이거나 그 범위 내에 있습니다.
- 초등학생은 4급, 중·고등학생은 3급, 대학생은 2급과 1급 취득에 목표를 두고, 학습하길 권해 드립니다.

3. 출제기준

	특급 특급II 1급	2급	3급	3급II	4급	4급II	5급	6급	6급II	7급	8급
讀音	50	45	45	45	30	35	35	33	32	32	24
漢字 쓰기	40	30	30	30	20	20	20	20	10	0	0
訓音	32	27	27	27	22	22	23	22	29	30	24
完成型	15	10	10	10	5	5	4	3	2	2	0
反義語	10	10	10	10	3	3	3	3	2	2	0
뜻풀이	10	5	5	5	3	3	3	2	2	2	0
同音異義語	10	5	5	5	3	3	3	2	0	0	0
部首	10	5	5	5	3	3	0	0	0	0	0
同義語	10	5	5	5	3	3	3	2	0	0	0
長短音	10	5	5	5	5	0	0	0	0	0	0
略字	3	3	3	3	3	3	3	0	0	0	0

筆順	0	0	0	0	0	0	3	3	3	2	2
出題問項(計)	200	150	150	150	100	100	100	90	80	70	50

- 출제기준표는 기본지침자료로서, 출제자의 의도에 따라 차이가 있을 수 있습니다.

4. 합격기준

구분	특급·특급Ⅱ·1급	2급·3급·3급Ⅱ	4급·4급Ⅱ·5급	6급	6급Ⅱ	7급	8급
출제문항	200	150	100	90	80	70	50
합격문항	160	105	70	63	56	49	35

- 1급은 출제 문항의 80% 이상, 2급~8급은 70% 이상 득점하면 합격입니다.
- 1문항 당 1점으로 급수별 만점은 출제문항 수이며, 백분율 환산 점수를 사용하지 않습니다.
- 합격발표 시 제공되는 점수는 응시급수의 총 출제문항 수와 합격자의 득점문항 수입니다.

5. 시상기준

우수상

구분	특급·특급II·1급	2급·3급	3급II	4급·4급II	5급	6급	6급II	7급	8급
초등학생 (미취학포함)	160	105	120	80	90	81	72	69	–
중학생	160	112	127	85	90	–	–	–	–
고등학생	160	120	135	90	–	–	–	–	–

우량상

구분	특급·특급II·1급	2급·3급	3급II	4급·4급II	5급	6급	6급II	7급	8급
초등학생 (미취학포함)	–	–	113	75	85	77	68	67	–
중학생	–	105	120	80	85	–	–	–	–
고등학생	–	112	120	85	–	–	–	–	–

- 시상기준표의 숫자는 시상 대상의 급수별 최저 득점 문항 수입니다.
- 응시자 구분 중 대학생·일반인·군인은 시상 대상에 해당되지 않습니다.

6. 급수 취득 시 우대사항

교육인적자원부 훈령 제616호 『학생생활기록부 전산처리 및 관리지침』에 의거 학교생활기록부에 등재, 입시에 활용됩니다.

2005학년도 대학수학능력시험부터 '漢文'이 선택과목으로 채택되었습니다.

전국한자능력검정시험의 한자능력급수 취득 시 대입 면접 가산점, 학점, 졸업인증에 반영됩니다.

대학입시 수시모집 및 특별전형에 반영됩니다.

단 한번의 승부로 끝내는
한자능력 검정시험

육서
부수

육서(六書)란 한자를 만든 원리를 말하는데, 한자(漢字)의 기원이 상형문자(象形文字)라는 것은 널리 알려진 사실이다.

아주 오랜 고대에 인류는 단순한 언어만으로는 의사소통 및 문화 전수에 한계를 느끼게 되었고, 그런 절실한 필요에 의해 문자를 만들어 쓰기 시작하였다. 그런데 그때의 문자는 눈에 보이는 사물의 모양을 본떠서 만든 상형문자가 전부였던 것이다.

예를 들면 '해'를 표현할 때는 해의 그림을 그려서 표현하였는데, 그런 그림이 점점 변하여 문자가 된 것이다.

그런데 인지(人智)가 발달하고 사회가 복잡해지면서 점차로 여러 가지 개념들을 표현할 필요가 생기게 되었고, 그에 따라 기존의 한자보다 훨씬 많은 수의 글자가 필요하게 되었다. 때문에 몇 가지 일정한 원리에 따라 한자를 만들어 쓰게 되었는데, 《설문해자(說文解字)》의 저자인 허신(許慎)은 한자가 만들어진 원리를 '한자 구성 요소의 결합에 따라 여섯 가지 종류'로 나누었다. 이를 '육서六書'라고 한다. 즉 다시 말하면, 육서란 '한자를 만든 여섯 가지 원리'이다.

상형문자(象形文字)

사물의 모양을 그대로 본떠서 그려낸 가장 기초적인 글자를 상형문자라고 한다. 그리고 상형문자에 속하는 상당수의 글자들이 한자의 부수(部首) 역할을 한다.

예 山, 川, 水, 日, 月, 木, 人, 手, 心, 耳, 目, 口, 自, 足. 米, 門, 車

지사문자(指事文字)

상징적인 부호를 사용해서 구체적 사물의 모양으로 표현이 안 되는 추상적인 개념들을 표시한 문자를 지사문자라고 한다. 지사문자의 특징은 먼저 추상적인 의미를 표현하는데, 굽고 곧은 선이나 점 등으로 표시하고, 상형문자와 함께 글자의 모양을 더 이상 쪼갤 수 없는 것이 특징이다.

예 一, 二, 三, 五, 七, 十, 上, 中, 下, 本, 末, 刃, 引

회의문자(會意文字)

이미 만들어진 둘 이상의 한자를, 뜻에 따라 합하여 하나의 문자로 만들어 다른 뜻을 나타내는 것을 회의문자라 한다.

> 예 木＋木＝林('나무'들이 합쳐져 '수풀'을 이룸), 森(나무 빽빽할 삼)
> 日＋月＝明('해'와 '달'이 합쳐져 '밝다'는 뜻이 됨)
> 田＋力＝男('밭 전' 자와 '힘 력'자가 합쳐져 '사내, 남자'의 뜻이 됨), 休(쉴 휴), 臭(냄새 취), 突(갑자기 돌), 取(가질 취) 등.

형성문자(形聲文字)

한쪽이 음을 나타내고 다른 한쪽이 뜻을 나타내는 것을 형성문자라 하는데, 한자 중에서 형성문자가 가장 많다.

> 예 問＝門(음)＋口(뜻), 聞＝門(음)＋耳(뜻)
> 梅＝木(뜻)＋每(음), 海＝水(뜻)＋每(음)
> 淸＝水(뜻)＋靑(음), 請(청할 청), 晴(갤 청), 鯖(청어 청), 菁(부추꽃 청)
> 花＝艸(뜻)＋化(음)
> 勉＝免(음)＋力(뜻)

전주문자(轉注文字)

'전주'라는 단어에서 보듯이, 전(轉, 구를 전)이란 수레바퀴가 구르는 것처럼 뜻이 굴러서 다른 뜻으로 변하는 것이고, 주(注, 물댈 주)란 그릇에 물이 넘쳐흐르듯 다른 뜻으로 옮겨 흐른다는 것을 말한다. 즉 기존 글자의 원뜻이 유추, 확대, 변화되어 새로운 뜻으로 바뀌는 것을 말하는데, 뜻뿐만 아니라 음도 바뀌는 경우가 있다.

뜻만 바뀌는 경우

注[물댈 주] : 注는 물을 댄다는 뜻이 본뜻이었는데, 그 의미가 확대되어 주목한다는 뜻으로 전의되어 주목(注目), 주시(注視)와 같이 쓰인다. 거기에 또다시 전의되어 주해(注解), 주석(注釋)과 같이 자세히 푼다는 뜻으로 쓰인다.

天[하늘 천] : 천(天)은 본시 하늘이라는 뜻이었는데 전의되어 자연이라는 뜻으로 쓰인다. 천연(天然)의 天이 그 예이다. 그런데 이 문자는 또다시 출생(出生), 발생(發生)의 뜻으로 유추되어 쓰이는데 선천(先天), 후천(後天)이 그 예이다.

뜻과 음이 함께 바뀌는 경우

說[말씀 설] : 說의 본뜻은 말씀이다. 말씀으로써 다른 사람을 달

래기 때문에 달랜다는 뜻으로 쓰인다. 이때의 음은 '세'인데 유세(遊說)가 그 예이다.

 樂[풍류 악] : 樂의 본뜻이 '풍류'로 음은 '악'이다. 음악을 듣는 것은 즐거운 일이기 때문에 즐긴다는 뜻으로도 쓰이는데, 이때의 음은 '락'이다. 또한 즐거운 것은 누구나 좋아하기 때문에 좋아한다는 뜻으로도 쓰인다. 이때의 이름은 '요'이다.

 惡[악할 악] : 惡은 본시 악하다는 뜻으로 음이 '악'이었는데 악한 것은 모두 미워하는 것이기 때문에 미워한다는 뜻으로 쓰이기도 한다. 이때의 음은 '오'이다. 증오(憎惡), 오한(惡寒)이 그 예이다.

가차문자(假借文字)

가차는 '가짜로 빌려 쓰다.'라는 뜻 그대로, 기본적으로 발음이 같은 개념을 빌려 쓰거나, 글자 모양을 빌리는 등 외국어의 표기에 사용하고, 의성어나 의태어와 같은 부사어적 표현에도 쓰인다. 즉, 뜻글자(表意文字)로서 발생하는 한계를 극복해 준 개념으로서, 이로 인해 외국과의 문자적 소통이 가능하게 되었는데, 현재 우리의 생활 속에서 사용되는 많은 외래어가 이 가차의 개념을 도입하여 표기하고 있다. 전주와 가차의 활용은 한자의 발전 과정 속에서 매우 큰 역할을 하였는데, 이 원리의 발견으로 인해 한자가 동양에서 가장 확실한 문자(文字)로서 발전할 수 있었다고 할 수 있을 것이다.

> **예** 달러(DOLLAR) → 불(弗)
>
> 아시아(ASIA) → 아세아(亞細亞)
>
> 인디아(INDIA) → 인도(印度)
>
> 프랑스(FRANCE) → 법랑서(法朗西) → 법국(法國) → 불란서(佛蘭西)
>
> 도이칠랜드(DOUTCHILAND) → 덕국(德國) → 독일(獨逸)
>
> 잉글랜드(ENGLAND) → 영격란국(英格蘭國) → 영길리(英吉利) → 영국(英國)

한자 부수(部首)의 원리

부수란?

　부수란 옥편이나 자전에서 한자를 찾는데 필요한 기본이 되는 글자로서, 소리글자인 한글의 자모음이나 영어의 알파벳에 해당된다. 뜻글자인 한자의 경우에는 같은 부수에 속한 글자는 기본적으로 유사한 의미를 담고 있다고 할 수 있다. 가령 한자의 왼쪽이 얼음 빙(冫) 변으로 이루어진 글자는 물방울이 세 개인 삼 수(氵)가 얼어서 물방울이 두 개가 된 모양이므로, 대체적으로 차갑거나 얼음과 관련된 성질을 나타낸 글자라고 할 수 있다.(예 : 서늘할 정·청 淸, 서늘할 량 凉, 쓸쓸할 처 凄, 싸늘할 수 凍, 싸늘할 경 凘, 찰 냉 冷, 찰 렬 冽, 찰 름 凜, 찰 불 冹, 찰 호 冱, 찰 행 凔, 성엣장 시 澌, 얼어붙을 고 凅, 얼 동 凍, 얼음 활 活, 얼음 릉 凌, 얼음 빙 冰, 고드름 탁 澤, 눈서리 쌓이는 모양 최 凗, 얼음

녹을 반 冸, 겨울 동 冬 등). 한자의 부수는 총 214개이며 후한(後漢) 때에 허신(許愼)이 만들어 지금까지 쓰고 있다.

부수의 위치

변(邊) : 부수가 글자의 왼쪽에 있는 경우
예 어질 인 仁, 지을 작 作(사람 인 亻변)
　　구를 전 轉(수레 거 車변), 맑을 청 淸(삼수 氵변)

방(傍) : 부수가 글자의 오른쪽에 있는 경우
예 놓을 방 放(둥글월 문 攵방), 쪼갤 판 判(칼 도 刂방)
　　섞일 잡 雜(새 추 隹방), 일할 공 功(힘 력 力방)

머리 : 부수가 글자의 위에 있는 경우
예 편안할 안 安(갓 宀머리), 대답할 답 答(대나무 죽 竹머리)
　　꽃 화 花(풀 초 艹머리), 높을 숭 嵩(뫼 산 山머리)

발 : 부수가 글자의 아래에 있는 경우
예 성할 성 盛(그릇 명 皿 발), 시름 수 愁(마음 심 心 발)
　　그러할 연 然(불 화 火 발), 갖출 구 具(여덟 팔 八 발)

받침 : 부수가 왼쪽과 아래에 걸쳐 있는 경우

예 끌 연 延(민 廴 책받침), 나아갈 진 進(辶 책받침)

　　일어설 기 起(달아날 주 走받침)

엄 : 부수가 윗쪽과 왼쪽에 걸쳐 있는 경우

예 넓을 광 廣(广 엄호), 앓을 병 病(疒 병질엄)

　　범 호 虎(虍 범호엄), 근원 원 原(厂 민엄호)

에운담 몸 : 부수가 글자를 둘러싸고 있는 경우

예 나라국 國(큰입구 囗 몸)

　　까닭 인 因(큰입구 囗 몸)

에운담 안 : 부수가 위, 왼쪽, 오른쪽을 둘러싸고 있는 경우

예 사이 간 間(문문 門 몸)

　　빛날 경 冏(멀경 冂 몸)

제부수 : 부수 자체가 글자인 경우

예 나무 목 木, 쇠 금 金, 바람 풍 風

　　용 용 龍, 검을 흑 黑, 푸를 청 靑

획순별 한자 부수

1획

一	한 일
丨	뚫을 곤
丶	점 주
丿	삐칠 별
乙(乚)	새 을
亅	갈고리 궐

2획

二	두 이
亠	돼지해머리
人(亻)	사람 인
儿	어진사람 인
八	여덟 팔
入	들 입
冂	멀 경
冖	덮을 멱, 민갓머리
冫	얼음 빙
几	안석 궤
凵	입 벌릴 감
刀(刂)	칼 도
力	힘 력
勹	쌀 포
匕	비수 비
匚	상자 방
匸	감출 혜
十	열 십
卜	점 복
卩(㔾)	병부 절
厂	굴바위 엄
厶	사사로울 사
又	또 우

3획

口	입 구

口	에울 위
土	흙 토
士	선비 사
夂	뒤져올 치
夊	천천히 걸을 쇠
夕	저녁 석
大	큰 대
女	계집 녀
子	아들 자
宀	집 면
寸	마디 촌
小	작을 소
尢(兀)	절름발이 왕
尸	주검 시
屮(屮)	싹날 철 / (왼손 좌)
山	메 산
巛(川)	개미허리 / (내 천)
工	장인 공
己	몸 기
巾	수건 건
干	방패 간
幺	작을 요

广	집 엄
廴	길게 걸을 인
廾	손 받들 공
弋	주살 익
弓	활 궁
彐(彑, 彐)	돼지머리 계
彡	터럭 삼
彳	자축거릴 척

4획

心(忄, 㣺)	마음 심
戈	창 과
戶	지게 호
手(扌)	손 수
支	지탱할 지
攴(攵)	칠 복
文	글월 문
斗	말 두
斤	도끼 근
方	모 방
无(旡)	없을 무 / (이미 기)
日	날 일

曰	가로 왈
月	달 월
木	나무 목
欠	하품 흠
止	그칠 지
歹(歺)	뼈 앙상할 알
殳	칠 수
毋	말 무
比	견줄 비
毛	터럭 모
氏	성씨 씨
气	기운 기
水(氵,氺)	물 수
火(灬)	불 화
爪(爫)	손톱 조
父	아비 부
爻	점괘 효
爿	조각널 장
片	조각 편
牙	어금니 아
牛(牜)	소 우
犬(犭)	개 견 / (개사슴 록)

5획

玉(王)	구슬 옥
玄	검을 현
瓜	오이 과
瓦	기와 와
甘	달 감
生	날 생
用	쓸 용
田	밭 전
疋	발 소
疒	병들 녁
癶	걸을 발
白	흰 백
皮	가죽 피
皿	그릇 명
目	눈 목
矛	창 모
矢	화살 시
石	돌 석
示(礻)	보일 시
禸	짐승 발자국 유
禾	벼 화

穴	구멍 혈
立	설 립

6획

竹(⺮)	대 죽
米	쌀 미
糸	실 사
缶	장군 부
网㓁罒㒳	그물 망
羊	양 양
羽	깃 우
老(耂)	늙을 로
而	말 이을 이
耒	쟁기 뢰
耳	귀 이
聿	붓 율
肉(月)	고기 육 / (육달 월)
臣	신하 신
自	스스로 자
至	이를 지
臼	절구 구
舌	혀 설
舛	어그러질 천
舟	배 주
艮	그칠/그칠 간
色	빛 색
艸(艹)	풀 초
虍	범 호
虫	벌레 충
血	피 혈
行	다닐 행
衣(衤)	옷 의
襾	덮을 아

7획

見	볼 견
角	뿔 각
言	말씀 언
谷	골 곡
豆	콩 두
豕	돼지 시
豸	발 없는 벌레 치
貝	조개 패
赤	붉을 적

走	달릴/달아날 주
足	발 족
身	몸 신
車	수레 거(차)
辛	매울 신
辰	별 진
辵(辶)	쉬엄쉬엄갈 착
邑(阝)	고을 읍
酉	닭 유
釆	분별할 변
里	마을 리

8획

金	쇠 금
長(镸)	긴 장
門	문 문
阜(阝)	언덕 부 / (좌부 변)
隶	밑 이
隹	새 추
雨	비 우
靑	푸를 청
非	아닐 비

9획

面	낯 면
革	가죽 혁
韋	다룸가죽 위
韭	부추 구
音	소리 음
頁	머리 혈
首	머리 수
飛	날 비
食	밥 식
風	바람 풍
香	향기 향

10획

馬	말 마
骨	뼈 골
高	높을 고
髟	머리 늘어질 표
鬥	싸울 투
鬯	울창부 창
鬲	다리굽은솥 력

鬼　　　　귀신 귀

鼠　　　　쥐 서

11획

魚　　　　물고기 어
鳥　　　　새 조
鹵　　　　소금밭 로
鹿　　　　사슴 록
麥　　　　보리 맥
麻　　　　삼 마

14획

鼻　　　　코 비
齊　　　　가지런할 제

15획

齒　　　　이 치

12획

黃　　　　누를 황
黍　　　　기장 서
黑　　　　검을 흑
黹　　　　바느질할 치

16획

龍　　　　용 룡
龜　　　　거북 귀

17획

龠　피리 약

13획

黽　　　　맹꽁이 맹
鼎　　　　솥 정
鼓　　　　북 고

단 한 번의 승부로 끝내는

한자능력 검정시험

8급

배정한자

0001
教
가르칠 교
(攵, 11획)

핵심단어
敎育(교육)　敎師(교사)
敎授(교수)　宗敎(종교)
유 訓, 導　반 學, 習

0002
校
학교 교
(木, 10획)

핵심단어
學校(학교)　校舍(교사)
開校(개교)　母校(모교)
유 庠

0003
九
아홉 구
(乙, 2획)

핵심단어
九旬(구순)　望九(망구)
九品(구품)

0004
國
나라 국
(口, 11획)

핵심단어
國民(국민)　國家(국가)
國花(국화)　國境(국경)
外國(외국)　유 邦

0005
軍
군사 군
(車, 9획)

핵심단어
軍士(군사)　軍隊(군대)
國軍(국군)　陸軍(육군)
유 兵, 士, 卒

0006
金
쇠 금
(金, 8획)

핵심단어
金銀(금은)　金屬(금속)
收金(수금)　유 鐵, 鋼

0007
南
남녘 남
(十, 9획)

핵심단어
東南(동남)　江南(강남)
南男北女(남남북녀)
반 北

0008
女
여자 녀
(女, 3획)

핵심단어
女子(여자)　美女(미녀)
得女(득녀)　母女(모녀)
유 孃　반 男, 郞

0009
年
해 년
(干, 6획)

핵심단어
一年(일년)　年中(연중)
青年(청년)
年末年始(연말연시)
㉦ 歲, 齡

0010
大
큰 대
(大, 3획)

핵심단어
大小(대소)　大學(대학)
大人(대인)　大衆(대중)
㉦ 巨, 偉　㉫ 細, 小

0011
東
동녘 동
(木, 8획)

핵심단어
東門(동문)　南東(남동)
江東(강동)
東大門(동대문)　㉫ 西

0012
萬
일만 만
(艹, 13획)

핵심단어
千萬(천만)　萬歲(만세)
萬世不變(만세불변)
萬頃蒼波(만경창파)

0013
母
어머니 모
(母, 5획)

핵심단어
母情(모정)　父母(부모)
産母(산모)　乳母(유모)
㉫ 子, 父

0014
木
나무 목
(木, 4획)

핵심단어
木材(목재)　巨木(거목)
木手(목수)　木枕(목침)
㉥ 樹, 林

0015
門
문 문
(門, 8획)

핵심단어
大門(대문)　家門(가문)
門中(문중)　門閥(문벌)

0016
民
백성 민
(氏, 5획)

핵심단어
民衆(민중)　民族(민족)
官民(관민)　庶民(서민)
民間(민간)
㉦ 氓, 甿　㉫ 官, 君, 士

0017

白

흰 **백**
(白, 5획)

핵심단어
黑白(흑백)　白雪(백설)
明白(명색)　白馬(백마)
반 黑

0018

父

아버지 **부**
(父, 4획)

핵심단어
父母(부모)　父子(부자)
父親(부친)　嚴父(엄부)
반 母, 子

0019

北

북녘 **북**
(匕, 5획)

핵심단어
南北(남북)　北窓(북창)
東北(동북)
南男北女(남남북녀)
반 南

0020

四

넉 **사**
(口, 5획)

핵심단어
四方(사방)　四面(사면)
文房四友(문방사우)
四面楚歌(사면초가)

0021

山

메(뫼) **산**
(山, 3획)

핵심단어
江山(강산)　山水(산수)
山脈(산맥)　山川(산천)
유 岳　반 河, 海

0022

三

석 **삼**
(一, 3획)

핵심단어
三面(삼면)
三角形(삼각형)
作心三日(작심삼일)
유 參

0023

生

날 **생**
(生, 5획)

핵심단어
生命(생명)　生日(생일)
生産(생산)　出生(출생)
유 産, 出　반 死, 殺

0024

西

서녘 **서**
(襾, 6획)

핵심단어
東西(동서)　西洋(서양)
東奔西走(동분서주)
東西古今(동서고금)
반 東

0025
先 먼저 선 (儿, 6획)

핵심단어
先後(선후)　先發(선발)
先頭(선두)　先生(선생)
유 前　반 後

0026
小 작을 소 (小, 3획)

핵심단어
大小(대소)　小人(소인)
小形(소형)　小說(소설)
유 細, 微　반 大, 巨

0027
水 물 수 (水, 4획)

핵심단어
水道(수도)　冷水(냉수)
水面(수면)
地下水(지하수)
유 江, 川, 溪
반 空, 火, 山

0028
室 집 실 (宀, 9획)

핵심단어
室內(실내)　居室(거실)
敎室(교실)　密室(밀실)
유 家, 屋, 舍, 宅

0029
十 열 십 (十, 2획)

핵심단어
十字(십자)　八十(팔십)
赤十字(적십자)
十匙一飯(십시일반)

0030
五 다섯 오 (二, 4획)

핵심단어
五星(오성)
十五夜(십오야)
五味(오미)　五帝(오제)

0031
王 임금 왕 (王, 4획)

핵심단어
王子(왕자)　王國(왕국)
王位(왕위)　王位(왕위)
유 君, 主　반 民, 臣

0032
外 바깥 외 (夕, 5획)

핵심단어
內外(내외)　外部(외부)
室外(실외)　野外(야외)
外國(외국)　반 內, 中

0033
月
달 월
(月, 4획)

핵심단어
日月(일월)   滿月(만월)
月給(월급)   蜜月(밀월)
반 日

0034
六
여섯 륙
(八, 4획)

핵심단어
六旬(육순)   六甲(육갑)
六十甲子(육십갑자)

0035
二
두 이
(二, 2획)

핵심단어
二人(이인)   二層(이층)
二月(이월) 유 貳

0036
人
사람 인
(人, 2획)

핵심단어
人間(인간)   人生(인생)
故人(고인)   文人(문인)
유 儿 반 獸, 畜

0037
日
날 일
(日, 4획)

핵심단어
日月(일월)   日記(일기)
日氣豫報(일기예보)
반 月

0038
一
한 일
(一, 1획)

핵심단어
一介(일개)   一同(일동)
萬一(만일)
一心同體(일심동체)
유 共, 同 반 等

0039
長
긴 장
(長, 8획)

핵심단어
長短(장단)   長點(장점)
長男(장남)   首長(수장)
유 久, 永, 遠
반 短, 老, 幼

0040
弟
아우 제
(弓, 7획)

핵심단어
兄弟(형제)   子弟(자제)
弟子(제자) 반 兄, 昆, 師

0041
中
가운데 중
(丨, 4획)

핵심단어
中央(중앙)　中心(중심)
中間(중간)　中道(중도)
⊕ 央　⊕ 外

0042
青
푸를 청
(青, 8획)

핵심단어
青春(청춘)　青年(청년)
青色(청색)　青天(청천)
⊕ 綠, 碧

0043
寸
마디 촌
(寸, 3획)

핵심단어
四寸(사촌)　寸刻(촌각)
寸志(촌지)　寸蟲(촌충)
⊕ 節

0044
七
일곱 칠
(一, 2획)

핵심단어
七十(칠십)
北斗七星(북두칠성)
七縱七擒(칠종칠금)

0045
土
흙 토
(土, 3획)

핵심단어
土地(토지)　國土(국토)
土木(토목)　⊕ 陸, 地, 壤

0046
八
여덟 팔
(八, 2획)

핵심단어
八十(팔십)　八字(팔자)
八角亭(팔각정)

0047
學
배울 학
(子, 16획)

핵심단어
學校(학교)　勉學(면학)
學童(학동)　文學(문학)
學問(학문)
⊕ 練, 習　⊕ 敎, 訓

0048
韓
나라이름 한
(韋, 17획)

핵심단어
大韓民國(대한민국)
三韓(삼한)　訪韓(방문)
韓信(한신)

0049

맏 형
(儿, 5획)

핵심단어

兄弟(형제)　老兄(노형)
大兄(대형)　반 弟

0050

불 화
(火, 4획)

핵심단어

火災(화재)　火焰(화염)
火藥(화약)　發火(발화)
반 水

단 한번의 승부로 끝내는

한자능력 검정시험

7급

배정한자

0001

家
집 가
(宀, 10획)

핵심단어
家族(가족) 家屋(가옥)
家門(가문)
專門家(전문가)
⊕ 屋, 堂, 室

0002

歌
노래 가
(欠, 14획)

핵심단어
歌謠(가요) 歌手(가수)
歌曲(가곡) 唱歌(창가)
歌舞(가무) ⊕ 謠, 曲

0003

間
사이 간
(門, 12획)

핵심단어
人間(인간) 間隔(간격)
空間(공간) 民間(민간)
⊕ 暇, 隔

0004

江
강 강
(氵, 6획)

핵심단어
江邊(강변) 漢江(한강)
江村(강촌)
⊕ 溪, 川, 河 ⊕ 山, 岳

0005

車
수레 거(차)
(車, 7획)

핵심단어
馬車(마차) 電車(전차)
自動車(자동차)
車輛(차량) ⊕ 輛, 輦

0006

空
빌 공
(穴, 8획)

핵심단어
空間(공간) 空中(공중)
空虛(공허) 眞空(진공)
⊕ 無, 虛 ⊕ 陸, 實, 海

0007

工
장인 공
(工, 3획)

핵심단어
工場(공장) 工業(공업)
手工業(수공업)
重工業(중공업) ⊕ 匠

0008

口
입 구
(口, 3획)

핵심단어
入口(입구) 出口(출구)
人口(인구) 食口(식구)

0009
旗
기 **기**
(方, 14획)

핵심단어
旗手(기수)　旗幟(기치)
弔旗(조기)　國旗(국기)
유 幢, 幡

0010
記
기록할 **기**
(言, 10획)

핵심단어
記錄(기록)　筆記(필기)
記憶(기억)　日記(일기)
유 錄, 誌

0011
氣
기운 **기**
(气, 10획)

핵심단어
氣運(기운)　精氣(정기)
氣體(기체)　景氣(경기)
氣勢(기세)

0012
男
사내 **남**
(田, 7획)

핵심단어
男子(남자)　美男(미남)
得男(득남)
無男獨女(무남독녀)
유 郞　반 女, 孃

0013
內
안 **내**
(入, 4획)

핵심단어
室內(실내)　內外(내외)
內衣(내의)　반 外

0014
農
농사 **농**
(辰, 13획)

핵심단어
農事(농사)　農夫(농부)
農村(농촌)　農業(농업)
都農(도농)　유 墾　반 都

0015

대답 **답**
(竹, 12획)

핵심단어
對答(대답)　答辯(답변)
應答(응답)　答狀(답장)
問答(문답)
유 對, 諾　반 問

0016
道
길 **도**
(辶, 13획)

핵심단어
道路(도로)　鐵道(철도)
孝道(효도)　道德(도덕)
道理(도리)　유 街, 途, 路

0017

冬
겨울 동
(冫, 5획)

핵심단어
春夏秋冬(춘하추동)
冬節(동절)　冬眠(동면)
立冬(입동)
冬將軍(동장군)　반 夏

0018

洞
고을 동
(氵, 9획)

핵심단어
洞里(동리)　各洞(각동)
洞長(동장)　洞窟(동굴)
洞察(통찰)　유 里, 村, 府

0019

動
움직일 동
(力, 11획)

핵심단어
動作(동작)　運動(운동)
動力(동력)
民族移動(민족이동)
유 運, 移　반 止

0020

同
한가지 동
(口, 6획)

핵심단어
同一(동일)　同年(동년)
同甲(동갑)　同心(동심)
유 共, 一　반 等, 異

0021

登
오를 등
(癶, 12획)

핵심단어
登山(등산)　登頂(등정)
登落(등락)　登場(등장)
유 騰, 昇　반 滅, 降, 落

0022

來
올 래
(人, 8획)

핵심단어
往來(왕래)　未來(미래)
到來(도래)　去來(거래)
來訪(내방)　반 去, 留

0023

力
힘 력
(力, 2획)

핵심단어
力士(력사)　體力(체력)
力道(역도)　動力(동력)
유 勉, 務

0024

老
늙을 로
(老, 6획)

핵심단어
老人(노인)　敬老(경노)
老弱(노약)　養老(양로)
老少同樂(노소동락)
유 翁, 耆　반 少, 童, 幼

0025
里 마을 리
(里, 7획)

핵심단어
洞里(동리)　里長(이장)
各里(각리)
萬里長城(만리장성)
㊜ 洞, 村, 府

0026
林 수풀 림
(木, 8획)

핵심단어
山林(산림)　林業(임업)
密林(밀림)　桂林(계림)
㊜ 木, 樹, 森

0027
立 설 립
(立, 5획)

핵심단어
設立(설립)　直立(직립)
獨立(독립)　起立(기립)
㊜ 建, 起　㊥ 坐

0028
每 매양 매
(毋, 7획)

핵심단어
每樣(매양)　每日(매일)
每番(매번)　每月(매월)
每年(매년)　㊜ 恒, 常

0029
面 낯 면
(面, 9획)

핵심단어
體面(체면)　顔面(안면)
假面(가면)　面前(면전)
人面獸心(인면수심)
㊜ 顔, 容

0030
命 목숨 명
(口, 8획)

핵심단어
壽命(수명)　運命(운명)
命令(명령)　救命(구명)
人命在天(인명재천)
㊜ 壽

0031
名 이름 명
(口, 6획)

핵심단어
姓名(성명)　呼名(호명)
名山(명산)　名品(명품)
㊜ 號, 稱

0032
文 글월 문
(文, 4획)

핵심단어
文學(문학)　文章(문장)
文書(문서)
文房具(문방구)
㊜ 書, 章, 册　㊥ 武

0033
問　물을 문
(口, 11획)

핵심단어
質問(질문)　問答(문답)
問議(문의)　問題(문제)
유 訊, 諮　반 答

0034
物　물건 물
(牛, 8획)

핵심단어
物件(물건)　物體(물체)
事物(사물)　物理(물리)
建物(건물)
유 身, 體, 品　반 心

0035
方　모 방
(方, 4획)

핵심단어
方向(방향)　方位(방위)
方法(방법)　處方(처방)
반 圓

0036
百　일백 백
(白, 6획)

핵심단어
百日(백일)
萬百姓(만백성)
文武百官(문무백관)
妙技百出(묘기백출)

0037
夫　지아비 부
(大, 4획)

핵심단어
夫婦(부부)　漁夫(어부)
人夫(인부)　牧夫(목부)
유 丈　반 妻

0038
不　아닐 불(부)
(一, 4획)

핵심단어
不可(불가)　不正(부정)
不變(불변)　不義(불의)
반 可, 是

0039
事　일 사
(亅, 8획)

핵심단어
事業(사업)　民事(민사)
事故(사고)　從事(종사)
유 茨, 縡

0040
算　셈 산
(竹, 14획)

핵심단어
算數(산수)　計算(계산)
豫算(예산)
利害打算(이해타산)
유 計, 數

0041
上 위 상
(一, 3획)

핵심단어
上下(상하)　屋上(옥상)
上官(상관)　上位(상위)
(유) 貴, 尊　(반) 下, 低

0042
色 빛 색
(色, 6획)

핵심단어
色彩(색채)
顔色(안색)　美色(미색)
色盲(색맹)
傾國之色(경국지색)
(유) 光, 耿, 暉

0043
夕 저녁 석
(夕, 3획)

핵심단어
夕陽(석양)　秋夕(추석)
朝夕(조석)
(유) 暮　(반) 朝, 旦

0044
姓 성씨 성
(女, 8획)

핵심단어
姓氏(성씨)　百姓(백성)
同姓同本(동성동본)
通姓名(통성명)　(유) 氏

0045
世 세상 세
(一, 5획)

핵심단어
世上(세상)　世界(세계)
後世(후세)　世代(세대)

0046
所 바 소
(戶, 8획)

핵심단어
所望(소망)　宿所(숙소)
所屬(소속)　處所(처소)
所謂(소위)　(유) 處

0047
少 적을 소
(小, 4획)

핵심단어
多少(다소)　少年(소년)
極少(극소)　少女(소녀)
(유) 寡　(반) 多, 老

0048
數 셈 수
(攴, 15획)

핵심단어
數學(수학)　算數(산수)
係數(계수)
物價指數(물가지수)
(유) 計, 算

00049
手 손 수
(手, 4획)

핵심단어
手足(수족)　木手(목수)
手工藝(수공예)
手動(수동)　반 足

0050
時 때 시
(日, 10획)

핵심단어
時間(시간)　時期(시기)
時節(시절)　時代(시대)
臨時(임시)
時時刻刻(시시각각)
유 期

0051
市 저자 시
(巾, 5획)

핵심단어
都市(도시)　市場(시장)
市長(시장)　市廳(시청)
유 都, 京, 邑

0052
食 먹을 식
(食, 9획)

핵심단어
食事(식사)　食堂(식당)
食慾(식욕)　過食(과식)
유 飯

0053
植 심을 식
(木, 12획)

핵심단어
植木(식목)　植物(식물)
移植(이식)　植栽(식재)
유 栽

0054
心 마음 심
(心, 4획)

핵심단어
心身(심신)　良心(양심)
中心(중심)　銘心(명심)
以心傳心(이심전심)
반 身, 體

0055
安 편안할 안
(宀, 6획)

핵심단어
便安(편안)　安全(안전)
安樂(안락)　未安(미안)
問安(문안)
유 便, 康, 寧　반 危

0056
語 말씀 어
(言, 14획)

핵심단어
言語(언어)　語源(어원)
密語(밀어)
母國語(모국어)
유 談, 說, 言　반 行

0057

然

그럴 **연**
(灬, 12획)

핵심단어
必然(필연) 當然(당연)
蓋然(개연)
自然保護(자연보호)

0058

午

낮 **오**
(十, 4획)

핵심단어
正午(정오) 午前(오전)
午後(오후) 午睡(오수)
端午(단오)

0059

右

오른 **우**
(口, 5획)

핵심단어
左右(좌우) 右翼(우익)
右派(우파)
左之右之(좌지우지)
㈜登, 騰 ㈙左

0060

有

있을 **유**
(月, 6)

핵심단어
有無(유무) 有限(유한)
固有(고유) 所有(소유)
㈜存, 在 ㈙空, 無, 亡

0061

育

기를 **육**
(月, 8획)

핵심단어
教育(교육) 育成(육성)
飼育(사육) 體育(체육)
㈜飼, 養

0062

邑

고을 **읍**
(邑, 7획)

핵심단어
邑內(읍내) 都邑(도읍)
各邑(각읍) 邑長(읍장)
㈜都, 市, 京, 郡

0063

入

들 **입**
(入, 2획)

핵심단어
出入(출입) 入口(입구)
收入(수입) 入力(입력)
㈜納 ㈙出

0064

字

글자 **자**
(子, 6획)

핵심단어
文字(문자) 數字(수자)
字句(자구)

51

0065
自 스스로 **자**
(自, 6획)

핵심단어
自己(자기)　自信(자신)
自由(자유)　自體(자체)
⊕ 己, 身　⊖ 他

0066
子 아들 **자**
(子, 3획)

핵심단어
子女(자녀)　父子(부자)
男子(남자)　孫子(손자)
⊕ 胄　⊖ 女, 父, 母

0067
場 마당 **장**
(土, 12획)

핵심단어
場所(장소)　市場(시장)
入場(입장)　開場(개장)
牧場(목장)

0068
電 번개 **전**
(雨, 13획)

핵심단어
電氣(전기)　發電(발전)
家電(가전)　電子(전자)
電池(전지)

0069
前 앞 **전**
(刂, 9획)

핵심단어
前後(전후)　直前(직전)
前生(전생)　面前(면전)
風前燈火(풍전등화)
⊕ 先　⊖ 後

0070
 온전할 **전**
(入, 6획)

핵심단어
完全(완전)　全體(전체)
健全(건전)　萬全(만전)
⊕ 完

0071
正 바를 **정**
(止, 5획)

핵심단어
正義(정의)　正答(정답)
正確(정확)　正直(정직)
正當(정당)
⊕ 直　⊖ 反, 誤

0072
祖 할아비 **조**
(示, 10획)

핵심단어
祖父(조부)　祖孫(조손)
祖上(조상)　國祖(국조)
開祖(개조)　⊖ 孫

0073

足
발 족
(足, 7획)

핵심단어
手足(수족)　不足(부족)
滿足(만족)
鳥足之血(조족지혈)
⑨ 餘, 豊　⑪ 手

0074

左
왼 좌
(土, 3획)

핵심단어
左右(좌우)
左向左(좌향좌)
左翼(좌익)　⑪ 右

0075

住
살 주
(亻, 7획)

핵심단어
居住(거주)　住所(주소)
住宅(주택)
衣食住(의식주)
⑨ 居, 活

0076

主
주인 주
(丶, 5획)

핵심단어
主人(주인)　主客(주객)
主要(주요)　主張(주장)
⑨ 君, 王　⑪ 民, 臣

0077

重
무거울 중
(里, 9획)

핵심단어
輕重(경중)　重要(중요)
重責(중책)　重視(중시)
貴重(귀중)
⑨ 上, 昂　⑪ 輕

0078

地
땅 지
(土, 6획)

핵심단어
土地(토지)　天地(천지)
地面(지면)　地域(지역)
⑨ 土, 壤, 陸　⑪ 天, 乾

0079

紙
종이 지
(糸, 10획)

핵심단어
紙面(지면)　紙質(지질)
表紙(표지)
洛陽紙價(낙양지가)

0080

直
곧을 직
(目, 8획)

핵심단어
直線(직선)　直接(직접)
直角(직각)　剛直(강직)
正直(정직)
⑨ 正, 貞　⑪ 曲

0081

川
내 천
(川, 3획)

핵심단어
河川(하천)　溪川(계천)
川邊(천변)　山川(산천)
유 江, 溪, 河　반 山, 岳

0082

일천 천
(十, 3획)

핵심단어
千萬(천만)　千里(천리)
千不當萬不當
(천부당만부당)

0083

天
하늘 천
(大, 4획)

핵심단어
天地(천지)　天命(천명)
天使(천사)　天壽(천수)
유 乾, 旻, 霄　반 坤, 地

0084

풀 초
(艹, 10획)

핵심단어
草木(초목)　花草(화초)
甘草(감초)　草露(초로)
民草(민초)

0085

마을 촌
(木, 7획)

핵심단어
農村(농촌)　江村(강촌)
村落(촌락)
民俗村(민속촌)
無醫村(무의촌)
유 洞, 里, 鄕

0086

가을 추
(禾, 9획)

핵심단어
立秋(입추)　秋夕(추석)
秋霜(추상)　秋毫(추호)
秋風落葉(추풍낙엽)
반 春

0087

春
봄 춘
(日, 9획)

핵심단어
立春(입춘)　春風(춘풍)
春秋(춘추)
春風明月(춘풍명월)
반 秋

0088

날 출
(凵, 5획)

핵심단어
出入(출입)　出發(출발)
出國(출국)　出勤(출근)
유 産, 生　반 落, 入

0089
便
편할 **편**
(亻, 9획)

핵심단어
便利(편리) 便安(편안)
簡便(간편) 便紙(편지)
⊕ 安, 康, 寧

0090
平
평평할 **평**
(干, 5획)

핵심단어
平凡(평범) 平安(평안)
平野(평야) 平和(평화)
平均(평균) ⊕ 泰, 康, 寧

0091
下
아래 **하**
(一, 3획)

핵심단어
上下(상하) 地下(지하)
下水道(하수도)
下手(하수)
⊕ 降, 低 ⊖ 上, 高

0092
夏
여름 **하**
(夊, 10획)

핵심단어
常夏(상하) 夏至(하지)
過夏(과하)
夏爐冬扇(하로동선)
⊖ 冬

0093
漢
한수 **한**
(氵, 14획)

핵심단어
漢江(한강) 巨漢(거한)
無賴漢(무뢰한)

0094
海
바다 **해**
(氵, 10획)

핵심단어
海洋(해양) 大海(대해)
陸海空軍(육해공군)
臨海(임해)
⊕ 洋, 江 ⊖ 陸, 山

0095
花
꽃 **화**
(艹, 8획)

핵심단어
花草(화초) 花卉(화훼)
花盆(화분)
無花果(무화과)
解語花(해어화)

0096
話
말씀 **화**
(言, 13획)

핵심단어
對話(대화) 談話(담화)
話題(화제) 說話(설화)
爐邊談話(노변담화)
⊕ 談, 說, 語

0097

活

살 활
(氵, 9획)

핵심단어
生活(생활)　活動(활동)
活潑(활발)　活氣(활기)
自活(자활)
유 生, 産, 巨　반 死, 殺

0098

孝

효도 효
(子, 7획)

핵심단어
孝道(효도)　孝子(효자)
不孝(불효)　孝誠(효성)
事親以孝(사친이효)

0099

後

뒤 후
(彳, 9획)

핵심단어
前後(전후)　後孫(후손)
老後(노후)　後輩(후배)
後發制人(후발제인)
반 先, 前

0100

休

쉴 휴
(人, 6획)

핵심단어
休息(휴식)
休憩所(휴게소)
休眠(휴면)
休養地(휴양지)
유 息, 憩

단 한번의 승부로 끝내는

한자능력 검정시험

6급

배정한자

0001

各

각각 **각**
(口, 6획)

핵심단어

各各(각각)　各個(각개)
各級(각급)　各者(각자)

0002

角

뿔 **각**
(角, 7획)

핵심단어

牛角(우각)　角度(각도)
總角(총각)
角者無齒(각자무치)
유 稜 (모날 능)

0003

感

느낄 **감**
(心, 13획)

핵심단어

感動(감동)　感應(감응)
感覺(감각)
感慨無量(감개무량)
유 悟, 覺

0004

強

강할 **강**
(弓, 12획)

핵심단어

強弱(강약)　強大(강대)
莫強(막강)　最強(최강)
반 弱

0005

開

열 **개**
(門, 12획)

핵심단어

開閉(개폐)　開花(개화)
開放(개방)　公開(공개)
유 啓　반 閉

0006

京

서울 **경**
(亠, 8획)

핵심단어

上京(상경)　京鄕(경향)
歸京(귀경)　東京(동경)
유 市, 都　반 鄕

0007

計

셀 **계**
(言, 9획)

핵심단어

計算(계산)　計劃(계획)
合計(합계)　設計(설계)
유 算, 數, 策

0008

界

지경 **계**
(田, 9획)

핵심단어

世界(세계)　境界(경계)
限界(한계)
世界平和(세계평화)
유 境, 域

0009
高 높을 고 (高, 10획)

핵심단어
高山(고산) 高低(고저)
高地(고지) 高溫(고온)
⊕ 崇, 尊, 卓 ⊖ 低, 下

0010
苦 괴로울 고 (艹, 9획)

핵심단어
苦痛(고통) 苦悶(고민)
苦海(고해)
甘吞苦吐(감탄고토)
⊕ 辛, 難 ⊖ 甘, 樂

0011
古 옛 고 (口, 5획)

핵심단어
古代(고대) 古典(고전)
古今(고금) 古人(고인)
⊕ 昔 ⊖ 今, 新

0012
功 공 공 (力, 5획)

핵심단어
功過(공과) 功勞(공로)
戰功(전공) 功德(공덕)
⊕ 勳 ⊖ 過, 罪

0013
公 공평할 공 (八, 4획)

핵심단어
公共(공공) 公平(공평)
公報(공보)
公共機關(공공기관)
⊖ 私

0014
共 함께 공 (八, 6획)

핵심단어
共同(공동) 公共(공공)
反共(반공)
民主共和國(민주공화국)
⊕ 同, 一 ⊖ 等

0015
科 과목 과 (禾, 9획)

핵심단어
科目(과목) 學科(학과)
科程(과정) 文科(문과)
武科(무과)

0016
果 과실 과 (木, 8획)

핵심단어
結果(결과) 果實(과실)
果敢(과감)
因果應報(인과응보)
⊕ 實 ⊖ 因

0017
光
빛 광
(儿, 6획)

핵심단어
光明(광명)　光線(광선)
光復(광복)　榮光(영광)
유 景, 暉　반 陰, 雨

0018
交
사귈 교
(亠, 6획)

핵심단어
交際(교제)　交流(교류)
交換(교환)　外交(외교)
親交(친교)

0019
球
공 구
(王, 11획)

핵심단어
半球(반구)　地球(지구)
蹴球(축구)　籠球(농구)
球技(구기)

0020
區
나눌 구
(匚, 11획)

핵심단어
區分(구분)　區域(구역)
地區(지구)　區別(구별)
유 別, 分

0021
郡
고을 군
(阝(邑), 10획)

핵심단어
郡守(군수)　郡廳(군청)
郡縣(군현)　유 邑, 州

0022
近
가까울 근
(辶, 8획)

핵심단어
遠近(원근)　近接(근접)
近處(근처)　近視(근시)
반 遠

0023
根
뿌리 근
(木, 10획)

핵심단어
根本(근본)　木根(목근)
根據(근거)　유 本

0024
今
이제 금
(人, 4획)

핵심단어
只今(지금)　今年(금년)
今日(금일)
東西古今(동서고금)
반 昨, 古, 昔

0025
急 급할 급
(心, 9획)

핵심단어
緊急(긴급)　應急(응급)
急行(급행)　緩急(완급)
🟠유 促, 躁　🟠반 緩

0026
級 등급 급
(糸, 10획)

핵심단어
等級(등급)　學級(학급)
級數(급수)
🟠유 授, 贈　🟠반 受, 收

0027
多 많을 다
(夕, 6획)

핵심단어
多量(다량)　多少(다소)
多樣(다양)　多幸(다행)
多數決(다수결)
🟠유 詵, 溱　🟠반 少, 寡

0028
短 짧을 단
(矢, 12획)

핵심단어
長短(장단)　短篇(단편)
短身(단신)　短點(단점)
短詩(단시)　🟠유 矮　🟠반 長

0029
堂 집 당
(土, 11획)

핵심단어
明堂(명당)　堂號(당호)
堂叔(당숙)
堂狗三年吠風月
(당구삼년폐풍월)
🟠유 室, 家, 舍

0030
待 기다릴 대
(彳, 9획)

핵심단어
接待(접대)　待機(대기)
待遇(대우)

0031
代 대신할 대
(亻, 5획)

핵심단어
代身(대신)　代行(대행)
時代(시대)　現代(현대)
代役(대역)　代理(대리)
🟠유 界, 世

0032
對 대답할 대
(寸, 14획)

핵심단어
對答(대답)　對應(대응)
反對(반대)　對峙(대치)
🟠유 答, 諾

0033

圖

그림 **도**
(口, 14획)

핵심단어
構圖(구도)　圖面(도면)
意圖(의도)
美術圖案(미술도안)

0034

度

법도 **도**, 헤아릴 **탁**
(广, 9획)

핵심단어
法度(법도)　密度(밀도)
速度(속도)
發火溫度(발화온도)

0035

讀

읽을 **독**
(言, 22획)

핵심단어
讀書(독서)　朗讀(낭독)
精讀(정독)　讀本(독본)
讀經(독경)　默讀(묵독)

0036

童

아이 **동**
(立, 12획)

핵심단어
童心(동심)　童顔(동안)
童謠(동요)
兒童問題(아동문제)

 兒　 老

0037

頭

머리 **두**
(頁, 16획)

핵심단어
街頭(가두)　頭髮(두발)
序頭(서두)　書頭(서두)

 首, 魁　 尾

0038

等

무리 **등**
(竹, 12획)

핵심단어
等級(등급)　等等(등등)
減等(감등)　等數(등수)
等比(등비)

 徒, 部, 衆
 共, 同, 一

0039

樂

즐거울 **락**
(木, 15획)

핵심단어
音樂(음악)　娛樂(오락)
苦樂(고락)
喜怒哀樂(희노애락)

 悅, 喜, 娛
 苦, 悲, 哀

0040

例

법식 **례**
(亻, 8획)

핵심단어
例外(예외)　年例(연례)
定例(정례)
比例代表(비례대표)

 法, 式, 典

0041
禮
예도 례
(示, 18획)

핵심단어
禮節(예절)　禮義(예의)
禮遇(예우)
滿員謝禮(만원사례)

0042
路
길 로
(足, 13획)

핵심단어
道路(도로)　街路(가로)
排水路(배수로)
迷路學習(미로학습)
유 道, 街, 途

0043
綠
푸를 록
(糸, 14획)

핵심단어
草綠(초록)　綠陰(녹음)
萬綠(만록)
新綠禮讚(신록예찬)
유 靑, 碧

0044
理
다스릴 리
(玉, 11획)

핵심단어
道理(도리)　理致(이치)
管理(관리)　文理(문리)
유 經, 治, 攝　반 亂

0045
李
오얏 리
(木, 7획)

핵심단어
桃李(도리)

0046
利
이로울 리
(刂, 7획)

핵심단어
利益(이익)　利點(이점)
權利(권리)　利權(이권)
薄利多賣(박리다매)
유 加, 益, 增　반 害

0047
明
밝을 명
(日, 8획)

핵심단어
明確(명확)　照明(조명)
明朗(명랑)　明暗(명암)
文明(문명)
유 朗, 瞭　반 暗, 昏

0048
目
눈 목
(目, 5획)

핵심단어
眼目(안목)　目標(목표)
題目(제목)　유 眼

0049

들을 문
(耳, 14획)

핵심단어
見聞(견문)　新聞(신문)
所聞(소문)　未聞(미문)
聽聞會(청문회)
유 聽, 聆

0050

米

쌀 미
(米, 6획)

핵심단어
米穀(미곡)　米糠(미강)
白米(백미)　米壽(미수)
救恤米(구휼미)

0051

美

아름다울 미
(羊, 9획)

핵심단어
美色(미색)　美醜(미추)
美貌(미모)
美人薄命(미인박명)
유 佳, 麗　반 醜

0052

朴

순박할 박
(木, 6획)

핵심단어
淳朴(순박)　素朴(소박)
質朴(질박)　유 質

0053

절반 반
(十, 5획)

핵심단어
半半(반반)　過半(과반)
太半(태반)
半空日(반공일)
半官半民(반관반민)

0054

反

돌이킬 반
(又, 4획)

핵심단어
反對(반대)　反骨(반골)
反省(반성)　反復(반복)
反共精神(반공정신)
반 正, 贊

0055

班

나눌 반
(王, 10획)

핵심단어
兩班(양반)　各班(각반)
文班(문반)　武班(무반)
유 分, 配　반 常

0056

필 발
(癶, 12획)

핵심단어
出發(출발)　發展(발전)
發射(발사)　發表(발표)
유 建, 起　반 着

0057
放 놓을 방 (攴, 8획)

핵심단어
解放(해방)　放送(방송)
開放(개방)　放浪(방랑)
放蕩(방탕)　⊕ 解, 漫, 釋

0058
番 차례 번 (田, 12획)

핵심단어
番號(번호)　當番(당번)
今番(금번)　單番(단번)
⊕ 序, 第, 級

0059
別 다를 별 (刂, 7획)

핵심단어
差別(차별)　別種(별종)
特別(특별)　分別(분별)
恪別(각별)　⊕ 異, 他, 差

0060
病 병 병 (疒, 10획)

핵심단어
疾病(질병)　病院(병원)
問病(문병)
依兵除隊(의병제대)
⊕ 瘦, 疾

0061
服 옷 복 (月, 8획)

핵심단어
衣服(의복)　服裝(복장)
服務(복무)
微服潛行(미복잠행)
⊕ 衣

0062
本 근본 본 (木, 5획)

핵심단어
根本(근본)　本來(본래)
本性(본성)　本心(본심)
⊕ 根　⊗ 末

0063
部 거느릴 부 (阝(邑), 11획)

핵심단어
部下(부하)　部處(부처)
本部(본부)
⊕ 徒, 等, 衆, 群

0064
分 나눌 분 (刀, 4획)

핵심단어
分離(분리)　分明(분명)
分析(분석)　分割(분할)
微分(미분)
⊕ 區, 班　⊗ 合

0065
社
모일 사
(示, 8획)

핵심단어
社會(사회)　結社(결사)
公社(공사)　社長(사장)
유 會, 湊

0066
死
죽을 사
(歹, 6획)

핵심단어
生死(생사)　死亡(사망)
死色(사색)　客死(객사)
凍死(동사)
유 亡, 消, 滅
반 生, 存, 有

0067
使
하여금 사
(人, 8획)

핵심단어
密使(밀사)　使節(사절)
使用(사용-)
使役動詞(사역동사)
유 令, 役　반 勞

0068
書
글 서
(日, 10획)

핵심단어
書冊(서책)　讀書(독서)
書籍(서적)　文書(문서)
圖書(도서)
유 冊, 章, 文, 籍

0069
石
돌 석
(石, 5획)

핵심단어
巖石(암석)　石器(석기)
壽石(수석)　石頭(석두)
반 鐵, 玉

0070

자리 석
(巾, 10획)

핵심단어
座席(좌석)　着席(착석)
同席(동석)
無斷缺席(무단결석)
유 筵, 座

0071
線
줄 선
(糸, 15획)

핵심단어
直線(직선)　曲線(곡선)
電線(전선)　無線(무선)
유 絲, 縷, 糸

0072
雪
눈 설
(雨, 11획)

핵심단어
雪景(설경)　雪原(설원)
暴雪(폭설)
雪上加霜(설상가상)

0073
省 살필 성, 덜 생 (目, 9획)

핵심단어
反省(반성)　省察(성찰)
省略(생략)
一日三省(일일삼성)
유 察, 審

0074
成 이룰 성 (戈, 7획)

핵심단어
完成(완성)　成功(성공)
成就(성취)　成績(성적)
成熟(성숙)
유 通, 達　반 亡, 敗

0075
消 사라질 소 (氵, 10획)

핵심단어
消滅(소멸)　解消(해소)
消息(소식)　消耗(소모)
유 亡, 死

0076
速 빠를 속 (辶, 11획)

핵심단어
速度(속도)　加速(가속)
迅速(신속)
유 早, 迅　반 遲

0077
孫 손자 손 (子, 10획)

핵심단어
子孫(자손)　後孫(후손)
孫子(손자)
子子孫孫(자자손손)
유 胤, 胄　반 祖

0078
樹 나무, 세울 수 (木, 16획)

핵심단어
樹木(수목)
街路樹(가로수)
樹立(수립)
政府樹立(정부수립)
유 木, 林, 森

0079
術 재주 술 (行, 11획)

핵심단어
技術(기술)　藝術(예술)
美術(미술)
民衆藝術(민중예술)
유 技, 藝

0080
習 익힐 습 (羽, 11획)

핵심단어
學習(학습)　練習(연습)
風習(풍습)
迷路學習(미로학습)
유 講, 學, 修　반 敎, 訓

0081

勝
이길 **승**
(力, 12획)

핵심단어
勝負(승부) 勝利(승리)
勝敗(승패)
名勝古蹟(跡)(명승고적)
⊕ 忍, 克 ⊖ 敗, 負

0082

始
처음 **시**
(女, 8획)

핵심단어
始作(시작) 始初(시초)
開始(개시)
無始無終(무시무종)
⊕ 初, 創 ⊖ 末, 終

0083

式
법 **식**
(弋, 6획)

핵심단어
方式(방식) 儀式(의식)
形式(형식)
文化樣式(문화양식)
⊕ 法, 典, 例

0084

神
귀신 **신**
(示, 10획)

핵심단어
鬼神(귀신) 精神(정신)
神靈(신령) 神經(신경)
物神(물신) ⊕ 鬼, 靈, 魂

0085

身
몸 **신**
(身, 7획)

핵심단어
身體(신체) 自身(자신)
身分(신분) 亡身(망신)
獨身(독신)
⊕ 肉, 體, 軀 ⊖ 心

0086

信
믿을 **신**
(亻, 9획)

핵심단어
信賴(신뢰) 信義(신의)
信用(신용) 信仰(신앙)
信號(신호)
⊕ 恃 ⊖ 疑

0087

新
새로울 **신**
(斤, 13획)

핵심단어
新聞(신문) 新舊(신구)
新年(신년) 更新(갱신)
新入(신입) ⊖ 舊, 古

0088

失
잃을 **실**
(大, 5획)

핵심단어
失踪(실종) 失敗(실패)
過失(과실)
勿失好機(물실호기)
⊕ 喪, 敗 ⊖ 得

0089
愛
사랑 애
(心, 13획)

핵심단어
慈愛(자애)　愛國(애국)
親愛(친애)
戀愛結婚(연애결혼)
㈲ 慈　㈯ 憎, 惡

0090
野
들 야
(里, 11획)

핵심단어
野外(야외)　平野(평야)
分野(분야)　野蠻(야만)
㈲ 郊

0091
夜
밤 야
(夕, 8획)

핵심단어
深夜(심야)　晝夜(주야)
夜間(야간)　除夜(제야)
月夜(월야)
夜盲症(야맹증)　㈯ 晝

0092
藥
약 약
(艹, 19획)

핵심단어
良藥(양약)　藥局(약국)
藥師(약사)
死後藥方文(사후약방문)
㈲ 劑

0093
弱
약할 약
(弓, 10획)

핵심단어
弱體(약체)　强弱(강약)
老弱(노약)　微弱(미약)
弱小國(약소국)
㈲ 柔, 衰　㈯ 强

0094
陽
볕 양
(阝(阜), 12획)

핵심단어
陰陽(음양)　陽地(양지)
太陽(태양)
丹陽八景(단양팔경)
㈯ 陰, 雨

0095
洋
큰바다 양
(氵, 9획)

핵심단어
大洋(대양)
東西洋　海洋(해양)
茫茫大洋(망망대양)
㈲ 海

0096
言
말씀 언
(言, 7획)

핵심단어
言語(언어)　言行(언행)
言論(언론)　言辯(언변)
言中有骨(언중유골)
㈲ 談, 說, 言
㈯ 文, 武, 行

0097
業
일 **업**
(木, 13획)

핵심단어
職業(직업)　學業(학업)
工業(공업)　事業(사업)
業報(업보)

0098
永
길 **영**
(水, 5획)

핵심단어
永遠(영원)　永久(영구)
永續(영속)　永訣(영결)
永劫(영겁)　㊌ 久, 遠, 長

0099
英
꽃부리 **영**
(艹, 9획)

핵심단어
英雄(영웅)　英才(영재)
群英(군영)　英國(영국)
㊌ 特

0100
溫
따뜻할 **온**
(氵, 13획)

핵심단어
溫暖(온난)　溫度(온도)
溫和(온화)
溫帶地方(온대지방)
㊌ 煖, 暑, 熱　㊎ 冷, 凉

0101
勇
날쌜 **용**
(力, 9획)

핵심단어
勇氣(용기)　武勇(무용)
勇士(용사)
勇敢無雙(용감무쌍)
㊌ 敢, 驍

0102
用
쓸 **용**
(用, 5획)

핵심단어
用度(용도)　應用(응용)
用法(용법)　作用(작용)
用件(용건)
㊌ 消, 費　㊎ 捨

0103
運
움직일 **운**
(辶, 13획)

핵심단어
運動(운동)　運送(운송)
運輸(운수)　運數(운수)
獨立運動(독립운동)
㊌ 擧, 動

0104
園
동산 **원**
(口, 13획)

핵심단어
庭園(정원)
遊園地(유원지)
動物園(동물원)
都市公園(도시공원)

0105
遠
멀 원
(辶, 14획)

핵심단어
遠近(원근)　永遠(영원)
遠路(원로)　敬遠(경원)
유 久, 永, 長, 遼　반 近

0106
油
기름 유
(氵, 8획)

핵심단어
油田(유전)
産油國(산유국)
注油(주유)　油脂(유지)
유 脂, 肪, 膏

0107
由
말미암을 유
(田, 5획)

핵심단어
緣由(연유)　自由(자유)
事由(사유)
歸責事由(귀책사유)

0108
銀
은 은
(金, 14획)

핵심단어
金銀(금은)　銀鑛(은광)
銀行(은행)
銀粧刀(은장도)

0109
飮
마실 음
(食, 13획)

핵심단어
飮料(음료)　飮食(음식)
米飮(미음)
飮酒歌舞(음주가무)
유 吸

0110
音
소리 음
(音, 9획)

핵심단어
音聲(음성)　音樂(음악)
音源(음원)　音癡(음치)
音階(음계)　유 聲, 韻

0111
意
뜻 의
(心, 13획)

핵심단어
意味(의미)　意志(의지)
意慾(의욕)　故意(고의)
유 志, 情

0112
衣
옷 의
(衣, 6획)

핵심단어
衣服(의복)　衣裳(의상)
上衣(상의)　下衣(하의)
유 服

0113

핵심단어

醫師(의사)　醫院(의원)
醫療(의료)　名醫(명의)
東醫寶鑑(동의보감)

의원 의
(酉, 18획)

유 毉

0114

핵심단어

傍觀者(방관자)
責任者(책임자)
老宿者(노숙자)

사람 자
(耂, 9획)

0115

핵심단어

昨年(작년)　昨今(작금)
昨朝(작조)
今是昨非(금시작비)

어제 작
(日, 9획)

반 今

0116

핵심단어

作業(작업)　著作(저작)
作家(작가)　作品(작품)
作用(작용)　유 製, 造

지을 작
(亻, 7획)

0117

핵심단어

文章(문장)　勳章(훈장)
文章符號(문장부호)
유 書, 文, 冊

글 장
(立, 11획)

0118

핵심단어

存在(존재)　健在(건재)
內在(내재)　所在(소재)
유 有, 存

있을 재
(土, 6획)

0119

핵심단어

才能(재능)　文才(문재)
才人(재인)　妙才(묘재)
유 技, 藝, 術

재주 재
(才, 3획)

0120

핵심단어

戰爭(전쟁)　作戰(작전)
戰鬪(전투)
獨立戰爭(독립전쟁)
유 鬪　반 和

싸움 전
(戈, 16획)

0121
庭 뜰 정 (广, 10획)

핵심단어
庭園(정원)　家庭(가정)
庭訓(정훈)
母子家庭(모자가정)

0122
定 정할 정 (宀, 8획)

핵심단어
決定(결정)　假定(가정)
定員(정원)
貿易協定(무역협정)
유 精, 奠

0123
題 제목 제 (頁, 18획)

핵심단어
題目(제목)　標題(표제)
課題(과제)
統一問題(통일문제)

0124
第 차례 제 (竹, 11획)

핵심단어
及第(급제)　登第(등제)
壯元及第(장원급제)
유 番, 序, 級　상 昆

0125
朝 아침 조 (月, 12획)

핵심단어
朝夕(조석)　朝廷(조정)
朝刊(조간)　朝餐(조찬)
滿朝百官(만조백관)
유 旦　반 夕, 暮

0126
族 겨레 족 (方, 11획)

핵심단어
血族(혈족)　族閥(족벌)
親族(친족)
民族統一(민족통일)

0127
晝 낮 주 (日, 11획)

핵심단어
晝夜(주야)　白晝(백주)
晝間(주간)
晝耕夜讀(주경야독)
반 夜, 宵

0128
注 물댈 주 (氵, 8획)

핵심단어
傾注(경주)　注射(주사)
大雪注意報(대설주의보)

0129
集
모일 집
(隹, 12획)

핵심단어
集合(집합)　收集(수집)
結集(결집)
離合集散(이합집산)
유 收, 會　반 散

0130
窓
창문 창
(穴, 11획)

핵심단어
窓門(창문)　同窓(동창)
東窓(동창)

0131
淸
맑을 청
(氵, 11획)

핵심단어
淸淡(청담)　淸淨(청정)
淸談(청담)
淸淨無垢(청정무구)
유 淑, 淡　반 濁

0132
體
몸 체
(骨, 23획)

핵심단어
身體(신체)　體育(체육)
肉體(육체)　一體(일체)
유 物, 身, 肉　반 心

0133
親
친할 친
(見, 16획)

핵심단어
親舊(친구)　親戚(친척)
親密(친밀)　切親(절친)
母親(모친)　반 疎

0134
太
클 태
(大, 4획)

핵심단어
太陽(태양)　明太(명태)
皇太子(황태자)
萬事太平(만사태평)

0135
通
통할 통
(辶, 11획)

핵심단어
通信(통신)　交通(교통)
疏通(소통)　通行(통행)
相通(상통)　유 成, 徹

0136
特
특별할 특
(牛, 10획)

핵심단어
特別(특별)　特異(특별)
特殊(특수)　獨特(독특)
氣象特報(기상특보)
유 英

0137
表 겉 표 (衣, 8획)

핵심단어
表面(표면)　地表(지표)
發表(발표)　表情(표정)
地球表面(지구표면)
유 甲, 皮　반

0138
風 바람 풍 (風, 9)

핵심단어
風向(풍향)　順風(순풍)
家風(가풍)
美風良俗(미풍양속)
無風地帶(무풍지대)

0139
合 합할 합 (口, 6획)

핵심단어
結合(결합)　合致(합치)
配合(배합)　集合(집합)
유 , 참　반 分, 離

0140
行 다닐 행 (行, 6획)

핵심단어
行動(행동)　行星(행성)
行爲(행위)　飛行(비행)
銀行(은행)
유 動, 運　반 語, 知

0141
幸 다행 행 (干, 8획)

핵심단어
多幸(다행)　不幸(불행)
幸運(행운)　幸福(행복)
유 福

0142
向 향할 향 (口, 6획)

핵심단어
方向(방향)　動向(동향)
對向(대향)　指向(지향)

0143
 나타날 현 (王, 11획)

핵심단어
現在(현재)　出現(출현)
現象(현상)　具現(구현)
유 見, 觀, 視　반 隱

0144
形 모양 형 (彡, 7획)

핵심단어
形態(형태)　形狀(형상)
成形(성형)　形成(형성)
유 貌, 狀　반 影

0145

號
이름 호
(虍, 13획)

핵심단어
番號(번호)　記號(기호)
信號(신호)　符號(부호)
赤色信號(적색신호)
유 名, 稱

0146

畫
그림 화
(田, 13획)

핵심단어
繪畫(회화)　畫家(화가)
畫面(화면)　畫廊(화랑)
書畫(서화)　유 圖, 繪

0147

和
화목할 화
(口, 8획)

핵심단어
平和(평화)　和睦(화목)
和合(화합)　和解(화해)
共和(공화)
유 調, 協, 睦　반 戰

0148

黃
누를 황
(黃, 12획)

핵심단어
黃色(황색)　黃河(황하)
黃酸(황산)　黃砂(황사)
朱黃(주황)　綠黃(녹황)

0149

會
모일 회
(日, 13획)

핵심단어
會合(회합)　會議(회의)
集會(집회)　敎會(교회)
博覽會(박람회)
유 集, 團, 募　반 散

0150

訓
가르칠 훈
(言, 10획)

핵심단어
家訓(가훈)　敎訓(교훈)
民防衛訓練(민방위훈련)
유 敎, 導　반 學, 習, 練

단 한번의 승부로 끝내는

한자능력 검정시험

5급

배정한자

0001
價
값 가
(亻, 15획)

핵심단어
價格(가격) 價值(가치)
物價(물가)
同價紅裳 (동가홍상)
유 値

0002
加
더할 가
(力, 5획)

핵심단어
加減(가감) 加速(가속)
參加(참가)
走馬加鞭 (주마가편)
유 益, 增, 添 반 減, 損

0003
可
옳을 가
(口, 5획)

핵심단어
可能(가능) 不可(불가)
不可能(불가능)
不可不可(불가불가)
유 是, 義 반 不, 否

0004
改
고칠 개
(攵, 7획)

핵심단어
改革(개혁) 改善(개선)
改稱(개칭)
經濟改革(경제개혁)
유 變, 易, 革

0005
客
손님 객
(宀, 9획)

핵심단어
賓客(빈객) 客地(객지)
旅客(여객)
主客顚倒 (주객전도)
유 賓 반 主

0006
去
갈 거
(厶, 5획)

핵심단어
過去(과거) 去來(거래)
去就(거취)
유 往, 逝 반 來, 留

0007
擧
들 거
(手, 18획)

핵심단어
擧事(거사) 選擧(선거)
薦擧(천거)
輕擧妄動(경거망동)
유 動, 運

0008
件
사건 건
(亻, 6획)

핵심단어
事件(사건) 物件(물건)
用件(용건)
貿易條件(무역조건)
유 物, 品

0009

建
세울 건
(廴, 9획)

핵심단어
建國(건국)　建設(건설)
建立(건립)　建築(건축)
高層建物(고층건물)
⟨유⟩ 起, 立, 發

0010

健
건강할 건
(亻, 11획)

핵심단어
健康(건강)　健全(건전)
保健(보건)
健忘症(건망증)
⟨유⟩ 康, 剛, 強

0011

格
격식 격
(木, 10획)

핵심단어
格式(격식)　人格(인격)
品格(품격)
格物致知(격물치지)
⟨유⟩ 法, 式, 典

0012

見
볼 견
(見, 7획)

핵심단어
見聞(견문)　發見(발견)
見解(견해)
⟨유⟩ 觀, 視, 現　⟨반⟩ 隱

0013

決
결단할 결
(水, 7획)

핵심단어
解決(해결)　未決(미결)
決戰(결전)
民族自決(민족자결)
⟨유⟩ 判, 斷　⟨반⟩ 豫

0014

結
맺을 결
(糸, 12획)

핵심단어
結論(결론)　團結(단결)
結末(결말)
結者解之(결자해지)
⟨유⟩ 約, 束, 契　⟨반⟩ 起

0015

輕
가벼울 경
(車, 14획)

핵심단어
輕重(경중)　輕薄(경박)
輕微(경미)
輕擧妄動(경거망동)
⟨반⟩ 重

0016

景
볕 경
(日, 12획)

핵심단어
景致(경치)　全景(전경)
光景(광경)　近景(근경)
丹陽八景(단양팔경)
⟨유⟩ 光

0017
敬
공경할 경
(攵(攴), 13획)

핵심단어
恭敬(공경)　敬虔(경건)
尊敬(존경)
敬天愛人(경천애인)
유 恭, 虔

0018
競
다툴 경
(立, 20획)

핵심단어
競爭(경쟁)　競走(경주)
競馬(경마)
團體競技(단체경기)
유 爭, 鬪

0019
固
굳을 고
(口, 8획)

핵심단어
固體(고체)　堅固(견고)
頑固(완고)　固陋(고루)
固定資産(고정자산)
유 堅, 硬, 確

0020
考
상고할 고
(耂, 6획)

핵심단어
思考(사고)　考察(고찰)
考證(고증)
深思熟考(심사숙고)
유 念, 思, 想, 憶　반 妣

0021
告
알릴 고
(口, 7획)

핵심단어
廣告(광고)　申告(신고)
報告(보고)
自進申告(자신신고)
유 示

0022
曲
굽을 곡
(曰, 6획)

핵심단어
曲線(곡선)　歪曲(왜곡)
作曲(작곡)
迂餘曲折(우여곡절)
유 屈, 枉, 迂　반 直

0023
課
매길 과
(言, 15획)

핵심단어
課題(과제)　賦課(부과)
課稅(과세)
累進課稅(누진과세)

0024

지날 과
(辶, 13획)

핵심단어
過去(과거)　超過(초과)
功過(공과)
過去之事(과거지사)
유 經, 歷　반 功

0025
關 빗장 관 (門, 19획)

핵심단어
關聯(관련) 關鍵(관건)
關心(관심) 機關(기관)
蜜月關係(밀월관계)

0026
觀 볼 관 (見, 25획)

핵심단어
觀光(관광) 可觀(가관)
觀點(관점) 美觀(미관)
袖手傍觀(수수방관)
유 視, 見

0027
廣 넓을 광 (广, 15획)

핵심단어
廣闊(광활) 廣野(광야)
廣場(광장)
無邊廣大(무변광대)
유 博, 浩 반 狹

0028
橋 다리 교 (木, 16획)

핵심단어
橋梁(교량) 陸橋(육교)
架橋(가교) 鐵橋(철교)
유 梁, 棧

0029
具 갖출 구 (八, 8획)

핵심단어
具備(구비) 家具(가구)
玩具(완구)
文房具(문방구)
유 備, 該

0030
救 구원할 구 (攵, 11획)

핵심단어
救援(구원) 救命(구명)
救助(구조) 急救(급구)
貧民救濟(빈민구제)
유 濟

0031
舊 옛 구 (臼, 18획)

핵심단어
新舊(신구) 親舊(친구)
舊怨(구원)
舊態依然(구태의연)
반 新

0032
局 판 국 (尸, 7획)

핵심단어
局面(국면) 結局(결국)
放送局(방송국)
名局(명국)

0033
貴
귀할 귀
(貝, 12획)

핵심단어
尊貴(존귀)　貴族(귀족)
稀貴(희귀)
유 上, 尊　반 賤

0034
規
법 규
(見, 11획)

핵심단어
法規(법규)　規制(규제)
規約(규약)
規則動詞(규칙동사)
유 法, 律, 式, 典

0035
給
줄 급
(糸, 12획)

핵심단어
給與(급여)　供給(공급)
支給(지급)
反對給付(반대급부)
유 授, 賜　반 需, 受

0036
期
기약할 기
(月, 12획)

핵심단어
期約(기약)　期間(기간)
無期囚(무기수)
無期延期(무기연기)
유 時

0037
汽
물끓는김 기
(氵, 7획)

핵심단어
汽車(기차)
汽罐室(기관실)

0038
己
몸 기
(己, 3획)

핵심단어
自己(자기)　克己(극기)
利己的(이기적)
유 身, 軀

0039
技
재주 기
(扌, 7획)

핵심단어
特技(특기)　長技(장기)
競技(경기)　演技(연기)
技術立國(기술입국)
유 藝, 才

0040
基
터 기
(土, 11획)

핵심단어
基礎(기초)　基盤(기반)
基本(기본)
基層民衆(기층민중)
유 址

0041
吉
길할 길
(口, 6획)

핵심단어
吉凶(길흉)　吉日(길일)
吉日(길일)
吉凶禍福(길흉화복)
유 豊　반 凶

0042
念
생각 념
(心, 8획)

핵심단어
想念(상념)　念願(염원)
槪念(개념)
無念無想(무념무상)
유 考, 思, 想

0043
能
능할 능
(月, 10획)

핵심단어
可能(가능)　能力(능력)
才能(재능)
能力發揮(능력발휘)

0044
團
둥글 단
(口, 14획)

핵심단어
團結(단결)　團體(단체)
團束(단속)
大同團結(대동단결)
유 圓, 集, 會

0045
壇
제단 단
(土, 16획)

핵심단어
祭壇(제단)　演壇(연단)
壇上(단상)　講壇(강단)
文壇(문단)

0046
談
말씀 담
(言, 15획)

핵심단어
談笑(담소)　筆談(필담)
武勇談(무용담)
爐邊談話(노변담화)
유 說, 語, 言

0047
當
마땅할 당
(田, 13획)

핵심단어
應當(응당)　當然(당연)
當面(당면)　當時(당시)
當日(당일)　유 宜, 該

0048
德
덕 덕
(彳, 15획)

핵심단어
道德(도덕)　恩德(은덕)
厚德(후덕)
道德主義(도덕주의)

0049

都
도읍 도
(阝(邑), 12획)

핵심단어
都市(도시)　都邑(도읍)
首都(수도)
유 市, 京, 邑　반 農

0050

섬 도
(山, 10획)

핵심단어
孤島(고도)　群島(군도)
列島(열도)
韓半島(한반도)
島嶼地方(도서지방)
유 嶼

0051

到
이를 도
(刂, 8획)

핵심단어
到來(도래)　到着(도착)
到達(도달)
到着價格(도착가격)
유 至, 着, 致

0052

獨
홀로 독
(犭, 16획)

핵심단어
獨立(독립)　孤獨(고독)
單獨(단독)　獨學(독학)
無男獨女(무남독녀)
유 單, 孤

0053

落
떨어질 락
(艹, 13획)

핵심단어
墜落(추락)　落葉(낙엽)
騰落(등락)
物價下落(물가하락)
유 墜, 墮　반 登, 加, 增

0054

밝을 랑
(月, 11획)

핵심단어
明朗(명랑)　朗朗(낭랑)
朗讀(낭독)　유 明, 瞭

0055

찰 랭
(冫, 7획)

핵심단어
冷冷(냉랭)　冷水(냉수)
冷氣(냉기)
寒冷前線(한랭전선)
유 寒, 凉　반 溫, 熱, 暑

0056

어질 량
(艮, 7획)

핵심단어
良心(양심)　善良(선량)
良民(양민)　良藥(양약)
良妻(양처)　유 仁, 賢

0057
量
헤아릴 량
(里, 12획)

핵심단어
測量(측량) 減量(감량)
質量(질량) 物量(물량)
유 料, 惻

0058
旅
나그네 려
(方, 10획)

핵심단어
旅愁(여수) 旅館(여관)
旅客(여객)
無錢旅行(무전여행)
유 客, 賓

0059
歷
지낼 력
(止, 16획)

핵심단어
歷史(역사) 經歷(경력)
履歷(이력)
歷史歪曲(역사왜곡)
유 經, 過

0060
練
익힐 련
(糸, 15획)

핵심단어
練習(연습) 鍛鍊(단련)
熟練(숙련)
民防衛訓練(민방위훈련)
유 講, 修 반 教, 訓

0061
領
옷깃 령
(頁, 14획)

핵심단어
領土(영토) 領導(영도)
大統領(대통령)
無血占領(무혈점령)
유 統, 率, 御

0062
令
하여금 령
(人, 5획)

핵심단어
命令(명령) 假令(가령)
密令(밀령)
斷髮令(단발령) 유 使

0063
勞
수고로울 로
(力, 12획)

핵심단어
勞苦(노고) 慰勞(위로)
疲勞(피로)
勤勞契約(근로계약)
유 据 반 使

0064
料
헤아릴 료
(斗, 10획)

핵심단어
思料(사료) 資料(자료)
無料(무료)
有機質肥料(유기질비료)
유 量, 測

0065
類
무리 류
(頁, 19획)

핵심단어
人類(인류)　分類(분류)
穀類(곡류)
文化人類學(문화인류학)
유 徒, 衆, 部

0066
流
흐를 류
(氵, 10획)

핵심단어
放流(방류)　潮流(조류)
流水(유수)　流行(유행)

0067
陸
뭍 륙
(阝(阜), 11획)

핵심단어
陸地(육지)　大陸(대륙)
內陸(내륙)　着陸(착륙)
連陸橋(연육교)
유 地, 土, 반 海, 空

0068
馬
말 마
(馬, 10획)

핵심단어
乘馬(승마)　競馬(경마)
馬夫(마부)　木馬(목마)
塞翁之馬(새옹지마)

0069
末
끝 말
(木, 5획)

핵심단어
結末(결말)　末期(말기)
本末(본말)　末端(말단)
유 端, 終 반 本, 始

0070
亡
망할 망
(亠, 3획)

핵심단어
亡國(망국)　逃亡(도망)
死亡(사망)
亡國民族(망국민족)
유 消, 滅 반 存, 有

0071
望
바랄 망
(月, 11획)

핵심단어
所望(소망)　希望(희망)
熱望(열망)　渴望(갈망)
名望家(명망가)
유 願, 希

0072
買
살 매
(貝, 12획)

핵심단어
賣買(매매)　購買(구매)
強買(강매)　密買(밀매)
買收合竝(매수합병)
유 購 반 賣

0073

賣 팔 매
(貝, 15획)

핵심단어
賣買(매매)　販賣(판매)
强賣(강매)　密賣(밀매)
薄利多賣(박리다매)
⊕販　⊖買

0074

無 없을 무
(灬, 12획)

핵심단어
有無(유무)　虛無(허무)
無常(무상)　無視(무시)
⊕空, 虛　⊖有, 存

0075

倍 갑절 배
(亻, 10획)

핵심단어
倍加(배가)　百倍(백배)
倍數比例(배수비례)
等倍數(등배수)

0076

法 법 법
(氵, 8획)

핵심단어
方法(방법)　法類(법류)
法則(법칙)
憲法改正(헌법개정)
⊕律, 式, 典

0077

變 변할 변
(言, 23획)

핵심단어
變化(변화)　變動(변동)
變亂(변란)
萬世不變(만세불변)
⊕改, 易, 革

0078

兵 군사 병
(八, 7획)

핵심단어
兵士(병사)　義兵(의병)
民兵(민병)
募兵制度(모병제도)
⊕軍, 士　⊖將

0079

福 복 복
(示, 14획)

핵심단어
禍福(화복)　萬福(만복)
冥福(명복)
轉禍爲福(전화위복)
⊕慶, 幸　⊖禍

0080

奉 받들 봉
(大, 8획)

핵심단어
奉仕(봉사)
奉祭祀(봉제사)
滅私奉公(멸사봉공)
⊕仕, 承

0081

比
견줄 비
(比, 4획)

핵심단어
比較(비교) 比例(비례)
比率(비율)
明度對比(명도대비)
유 較

0082

費
쓸 비
(貝, 12획)

핵심단어
消費(소비) 費用(비용)
經費(경비) 旅費(여비)
유 消, 用

0083

鼻
코 비
(鼻, 14획)

핵심단어
鼻音(비음) 鼻炎(비염)
耳鼻咽喉科(이비인후과)

0084

氷
얼음 빙
(水, 5획)

핵심단어
氷板(빙판) 氷水(빙수)
氷河(빙하)
氷炭不相容(빙탄불상용)
반 炭

0085

寫
베낄, 쓸 사
(宀, 15획)

핵심단어
複寫(복사) 寫眞(사진)
描寫(묘사)
模寫傳送(모사전송)
유 謄, 描

0086

思
생각 사
(心, 9획)

핵심단어
思考(사고) 思想(사상)
意思(의사)
思無邪(사무사)
유 考, 念, 想

0087

士
선비 사
(士, 3획)

핵심단어
文士(문사) 士禍(사화)
士大夫(사대부)
兵士(병사) 士林(사림)
유 儒 반 民

0088

仕
벼슬할 사
(人, 5획)

핵심단어
勤仕(근사) 유 捧, 奉

0089
史 역사 **사**
(口, 5획)

핵심단어
史草(사초) 史官(사관)
史書(사서)
歷史意識(역사의식)

0090
查 조사할 **사**
(木, 9획)

핵심단어
調査(조사) 審査(심사)
搜査(수사)
身體檢査(신체검사)
㈜ 察, 監, 檢

0091
産 낳을 **산**
(生, 11획)

핵심단어
生産(생산) 産業(산업)
出産(출산) 量産(양산)
文化遺産(문화유산)
㈜ 生, 出

0092
賞 상줄 **상**
(貝, 15획)

핵심단어
賞品(상품) 施賞(시상)
賞狀(상장) 鑑賞(감상)
㈝ 罰

0093
相 서로 **상**
(目, 9획)

핵심단어
相對(상대) 觀相(관상)
相通(상통)
民族相殘(민족상잔)
㈜ 互

0094
商 장사 **상**
(口, 11획)

핵심단어
商店(상점) 商品(상품)
巨商(거상) 商街(상가)
士農工商(사농공상)
㈜ 賈

0095
序 차례 **서**
(广, 7획)

핵심단어
順序(순서) 序幕(서막)
序曲(서곡) 秩序(질서)
㈜ 番, 第, 級 ㈝ 跋

0096
選 가릴 **선**
(辶, 16획)

핵심단어
選出(선출) 選擧(선거)
選拔(선발) 當選(당선)
東文選(동문선)
㈜ 拔, 擇

0097
鮮
고울 선
(魚, 17획)

핵심단어
新鮮(신선) 鮮明(선명)
生鮮(생선)
檀君朝鮮(단군조선)
⊕ 麗, 妍

0098
船
배 선
(舟, 11획)

핵심단어
船舶(선박) 船團(선단)
船員(선원)
關釜連絡船(관부연락선)

0099
仙
신선 선
(亻, 5획)

핵심단어
神仙(신선) 仙女(선녀)
仙人(선인) 詩仙(시선)
國仙道(국선도)

0100
善
착할 선
(口, 12획)

핵심단어
善惡(선악) 改善(개선)
善政(선정) 善行(선행)
⊕ 臧 ⊖ 惡

0101
說
말씀 설
(言, 14획)

핵심단어
說明(설명) 假說(가설)
說話(설화)
大河小說(대하소설)
⊕ 談, 言, 話

0102
性
성품 성
(忄, 8획)

핵심단어
性品(성품) 理性(이성)
性格(성격) 性質(성질)
同性(동성) 天性(천성)

0103
洗
씻을 세
(氵, 9획)

핵심단어
洗手(세수) 洗濯(세탁)
洗車(세차) 洗劑(세제)
⊕ 濯

0104
歲
해 세
(止, 13획)

핵심단어
歲月(세월) 萬歲(만세)
無情歲月(무정세월)
年年歲歲(년년세세)
⊕ 年, 季

0105

束 묶을 속 (木, 7획)

핵심단어
束縛(속박)　團束(단속)
拘束(구속)　結束(결속)
유 結, 約

0106

首 머리 수 (首, 9획)

핵심단어
首都(수도)　首席(수석)
自首(자수)　黨首(당수)
機首(기수)
유 頭, 魁　반 尾

0107

宿 잠잘 숙 (宀, 11획)

핵심단어
宿泊(숙박)　宿所(숙소)
宿命(숙명)
東家食西家宿
(동가식서가숙)
유 寢, 眠, 睡

0108

順 순할 순 (頁, 12획)

핵심단어
順應(순응)　柔順(유순)
良順(양순)
歸順勇士(귀순용사)
유 婉　반 逆

0109

示 보일 시 (示, 5획)

핵심단어
展示(전시)　告示(고시)
揭示(게시)　示威(시위)
默示(묵시)　示唆(시사)
유 告, 監

0110

識 알 식 (言, 19획)

핵심단어
智識(지식)　識見(식견)
鑑識(감식)　識別(식별)
意識(의식)　유 認, 知

0111

臣 신하 신 (臣, 6획)

핵심단어
家臣(가신)　臣下(신하)
忠臣(충신)
君臣有義(군신유의)
유 君, 民

0112

實 열매 실 (宀, 14획)

핵심단어
果實(과실)　實積(실적)
實事求是(실사구시)
務實力行(무실역행)
유 果　반 空, 虛

0113
兒
아이 아
(儿, 8획)

핵심단어
兒童(아동)　乳兒(유아)
迷兒(미아)
問題兒童(문제아동)
유 童

0114
惡
악할 악
(心, 12획)

핵심단어
善惡(선악)　邪惡(사악)
奸惡(간악)　害惡(해악)
유 凶　반 善

0115
案
책상 안
(木, 10획)

핵심단어
案件(안건)
決議案(결의안)
檢案(검안)　圖案(도안)
答案(답안)

0116
約
맺을 약
(糸, 9획)

핵심단어
約束(약속)　盟約(맹약)
言約(언약)　儉約(검약)
百年佳約(백년가약)
유 結, 束

0117
養
기를 양
(食, 15획)

핵심단어
養育(양육)　敎養(교양)
供養(공양)　養殖(양식)
養生(양생)　유 育, 飼

0118
魚
물고기 어
(魚, 11획)

핵심단어
魚類(어류)
養魚場(양어장)
魚貝類(어패류)

0119
漁
고기잡을 어
(氵, 14획)

핵심단어
漁業(어업)　漁夫(어부)
漁具(어구)
近海漁業(근해어업)
유 撈

0120
億
억 억
(人, 15획)

핵심단어
億劫(억겁)　一億(일억)
億萬年(억만년)

0121
熱
더울 **열**
(灬, 15획)

핵심단어
熱氣(열기)　熱帶(열대)
熾熱(치열)　熱風(열풍)
熱望(열망)
⊕ 暖, 溫, 炎　⊖ 冷, 凉

0122
葉
잎 **엽**
(艸, 13획)

핵심단어
落葉(낙엽)　葉書(엽서)
滿山紅葉(만산홍엽)
金枝玉葉(금지옥엽)

0123
屋
집 **옥**
(尸, 9획)

핵심단어
屋上(옥상)　家屋(가옥)
舊屋(구옥)
屋上架屋(옥상가옥)
⊕ 家, 堂, 舍, 室

0124
完
완전할 **완**
(宀, 7획)

핵심단어
完全(완전)　完璧(완벽)
補完(보완)　完成(완성)
完了(완료)　⊕ 全, 康

0125
曜
빛날 **요**
(日, 18획)

핵심단어
曜日(요일)
黑曜石(흑요석)
⊕ 華, 輝, 炅

0126
要
구할 **요**
(襾, 9획)

핵심단어
要求(요구)　要請(요청)
重要(중요)
必要充分條件
(필요충분조건)　⊕ 緊

0127
浴
목욕할 **욕**
(氵, 10획)

핵심단어
沐浴(목욕)　浴室(욕실)
浴槽(욕조)
山林浴(산림욕)　⊕ 沐

0128
友
벗 **우**
(又, 4획)

핵심단어
友情(우정)　戰友(전우)
學友(학우)　交友(교우)
交友以信(교우이신)
⊕ 朋

0129
雨
비 우
(雨, 8획)

핵심단어
雨傘(우산)　暴雨(폭우)
降雨(강우)
祈雨祭(기우제)
㊠ 曇　㊫ 光, 陽

0130
牛
소 우
(牛, 4획)

핵심단어
牛馬(우마)　牛乳(우유)
牧牛(목우)
牛耳讀經(우이독경)
㊠ 畜

0131
雲
구름 운
(雨, 12획)

핵심단어
雲雨(운우)　風雲(풍운)
積雲(적운)　雲霧(운무)
暮雲(모운)

0132
雄
수컷 웅
(隹, 12획)

핵심단어
雌雄(자웅)　雄飛(웅비)
雄姿(웅자)　英雄(영웅)
大雄殿(대웅전)
㊠ 牡　㊫ 雌, 牝

0133
原
언덕 원
(厂, 10획)

핵심단어
原因(원인)　高原(고원)
草原(초원)　原則(원칙)
原論(원론)　㊠ 丘, 陵, 岸

0134
願
원할 원
(頁, 19획)

핵심단어
所願(소원)　念願(염원)
願書(원서)　民願(민원)
㊠ 望, 希

0135
元
으뜸 원
(儿, 4획)

핵심단어
元素(원소)　開元(개원)
元首(원수)　元標(원표)
元帥(원수)

0136
院
집 원
(阝(阜), 10획)

핵심단어
學院(학원)　開院(개원)
法院(법원)　㊠ 宇

0137
偉
클 위 (亻, 11획)

핵심단어
偉大(위대)　偉人(위인)
유 巨, 大, 宏

0138
位
자리 위 (人, 7획)

핵심단어
位置(위치)　方位(방위)
無位(무위)　同位(동위)

0139
耳
귀 이 (耳, 6획)

핵심단어
耳目(이목)
中耳炎(중이염)
耳順(이순)
馬耳東風(마이동풍)

0140
以
써 이 (人, 5획)

핵심단어
所以(소이)　以來(이래)
交友以信(교우이신)
食以爲天(식이위천)

0141
因
인할 인 (囗, 6획)

핵심단어
因緣(인연)　動因(동인)
原因(원인)
因果應報(인과응보)
유 緣　반 果

0142
任
맡길 임 (人, 6획)

핵심단어
任務(임무)　責任(책임)
所任(소임)
無限責任(무한책임)
유 委, 托　반 免

0143
再
두 재 (冂, 6획)

핵심단어
再會(재회)　再次(재차)
再建(재건)　再嫁(재가)
非一非再(비일비재)

0144
材
재목 재 (木, 7획)

핵심단어
木材(목재)　素材(소재)
建材商(건재상)
材木(재목)

0145
財
재물 재
(貝, 10획)

핵심단어
財物(재물)　財貨(재화)
財産(재산)
文化財(문화재)
家財道具(가재도구)
유 貨, 資

0146
災
재앙 재
(火, 7획)

핵심단어
災殃(재앙)　災難(재난)
火災(화재)
天災地變(천재지변)
氣象災害(기상재해)
유 殃, 禍, 厄

0147
爭
다툴 쟁
(爪, 8획)

핵심단어
鬪爭(투쟁)　爭霸(쟁패)
競爭(경쟁)　戰爭(전쟁)
유 鬪, 競

0148
貯
쌓을 저
(貝, 12획)

핵심단어
貯蓄(저축)　貯金(저금)
貯金筒(저금통)
유 積, 築

0149
的
과녁 적
(白, 8획)

핵심단어
的中(적중)　公的(공적)
私的(사적)　目的(목적)
國家的(국가적)

0150
赤
붉을 적
(赤, 7획)

핵심단어
赤色(적색)
赤外線(적외선)
赤十字(적십자)
赤潮(적조)

0151
典
법 전
(八, 8획)

핵심단어
法典(법전)　古典(고전)
經典(경전)　辭典(사전)
유 法, 律, 式

0152
傳
전할 전
(亻, 13획)

핵심단어
傳說(전설)　傳達(전달)
傳承(전승)　傳統(전통)
遺傳(유전)

0153
展 펼 전 (尸, 10획)

핵심단어
展示(전시) 發展(발전)
展望(전망)
經濟發展(경제발전)
⊕ 立, 發

0154
切 끊을 절 (모두 체) (刀, 4획)

핵심단어
懇切(간절) 哀切(애절)
親切(친절) 一切(일체)
一切唯心造(일체유심조)
⊕ 斷, 絶

0155
節 마디 절 (竹, 15획)

핵심단어
句節(구절) 節制(절제)
勤儉節約(근검절약)
仲秋佳節(중추가절)
⊕ 寸

0156
店 가게 점 (广, 8획)

핵심단어
店鋪(점포) 店員(점원)
酒店(주점) 露店(노점)
開店休業(개점휴업)
⊕ 鋪

0157
情 뜻 정 (忄, 11획)

핵심단어
人情(인정) 溫情(온정)
表情(표정) 感情(감정)
無情歲月(무정세월)
⊕ 意, 志

0158
停 머무를 정 (亻, 11획)

핵심단어
停止(정지)
停留場(정류장)
停車(정차) 停學(정학)
⊕ 留, 止, 泊

0159
調 고를 조 (言, 15획)

핵심단어
調律(조율) 調整(조정)
格調(격조)
貿易逆調(무역역조)
⊕ 均, 和

0160
操 잡을 조 (扌, 16획)

핵심단어
操作(조작) 志操(지조)
體操(체조)
操舵手(조타수)
⊕ 執, 拘, 捉

0161

卒

군사 **졸**
(十, 8획)

핵심단어
軍卒(군졸)　兵卒(병졸)
卒業試驗(졸업시험)
軍, 兵, 士　반 將

0162

終

마칠 **종**
(糸, 9획)

핵심단어
終末(종말)　終了(종료)
臨終(임종)
始終如一(시종여일)
유 端, 末, 止　반 始, 初

0163

種

씨 **종**
(禾, 14획)

핵심단어
種類(종류)　種子(종류)
播種(파종)　人種(인종)
유 核, 緯

0164

罪

허물 **죄**
(罒, 13획)

핵심단어
犯罪(범죄)　無罪(무죄)
輕犯罪(경범죄)
유 罰, 愆　반 功

0165

州

고을 **주**
(川, 6획)

핵심단어
慶州(경주)　全州(전주)
九州(구주)　유 郡

0166

週

주일, 돌 **주**
(辶, 12획)

핵심단어
今週(금주)　隔週(격주)
週末(주말)　週刊(주간)
來週(내주)

0167

止

그칠 **지**
(止, 4획)

핵심단어
停止(정지)　禁止(금지)
免許停止(면허정지)
停, 終, 了　반 動

0168

知

알 **지**
(矢, 8획)

핵심단어
知識(지식)　知慧(지혜)
告知(고지)　未知(미지)
유 識, 認　반 行

0169

質
바탕 질
(貝, 15획)

핵심단어
本質(본질) 質量(질량)
物質(물질)
無機質(무기질)
㊤ 朴, 素, 正

0170

着
붙을 착
(目, 12획)

핵심단어
附着(부착) 着陸(착륙)
着席(착석) 着用(착용)
㊤ 附, 粘 ㊦ 發

0171

參
참여할 참
(厶, 11획)

핵심단어
參加(참가) 參席(참석)
參與(참여) 同參(동참)
㊤ 與

0172

唱
부를 창
(口, 11획)

핵심단어
合唱(합창) 獨唱(독창)
歌唱(가창) 模唱(모창)
㊤ 吟, 招, 呼

0173

責
꾸짖을 책
(貝, 11획)

핵심단어
責任(책임) 責望(책망)
呵責(가책)
無限責任(무한책임)
㊤ 詰, 呵

0174

鐵
쇠 철
(金, 21획)

핵심단어
鐵鋼(철강) 古鐵(고철)
鐵道(철도) 鐵板(철판)
㊤ 金, 鋼 ㊦ 石, 玉

0175

初
처음 초
(刀, 7획)

핵심단어
始初(시초) 初級(초급)
初行(초행)
今始初聞(금시초문)
㊤ 始, 創 ㊦ 終

0176

最
가장 최
(日, 12획)

핵심단어
最强(최강) 最近(최근)
最高(최고) 最古(최고)
最大(최대) ㊦ 副

0177

祝
빌 축
(示, 10획)

핵심단어
祝祭(축제)　祝賀(축하)
祝福(축복)　慶祝(경축)
⊕ 慶, 祇, 禱

0178

充
채울 충
(儿, 6획)

핵심단어
充分(충분)　補充(보충)
充當(충당)　充血(충혈)
⊕ 滿, 塡

0179

致
이를 치
(至, 10획)

핵심단어
理致(이치)　極致(극치)
所致(소치)
滿場一致(만장일치)
⊕ 到, 至

0180

則
법칙 칙
(刂, 9획)

핵심단어
法則(법칙)　規則(규칙)
原則(원칙)　⊕ 法, 規

0181

他
다를 타
(亻, 5획)

핵심단어
他人(타인)　他國(타국)
他鄕(타향)　其他(기타)
排他(배타)
⊕ 別, 異, 殊　⊕ 自

0182

칠 타
(扌, 5획)

핵심단어
打擊(타격)　打倒(타도)
強打(강타)
利害打算(이해타산)
⊕ 伐, 擊, 攻　⊕ 投

0183

높을 탁
(十, 8획)

핵심단어
卓見(탁견)　卓越(탁월)
食卓(식탁)
卓上空論(탁상공론)
⊕ 高, 崇, 尊

0184

숯 탄
(火, 9획)

핵심단어
煉炭(연탄)　石炭(석탄)
無煙炭(무연탄)
炭鑛(탄광)　木炭(목탄)
⊕ 氷

0185
宅
집 택
(宀, 6획)

핵심단어
邸宅(저택) 宗宅(종택)
宅配(택배) 古宅(고택)
住宅(주택) ㈜家, 堂, 舍

0186
板
널빤지 판
(木, 8획)

핵심단어
板子(판자) 架板(가판)
木板(목판) 鋼板(강판)
名板(명판)

0187
敗
패할 패 ㈜失 ㈝勝, 成
(攵, 11획)

핵심단어
敗北(패배) 勝敗(승패)
完敗(완패) 惜敗(석패)
連敗(연패)

0188
品
물건 품
(口, 9획)

핵심단어
人品(인품) 品格(품격)
文學作品(문학작품)
密賣品(밀매품)
㈜物, 件

0189
必
반드시 필
(心, 5획)

핵심단어
必然(필연) 必須(필수)
必勝(필승)
必要充分(필요충분)

0190
筆
붓 필
(竹, 12획)

핵심단어
筆記(필기) 毛筆(모필)
鉛筆(연필) 筆禍(필화)
墨筆(묵필) 名筆(명필)

0191
河
물 하
(氵, 8획)

핵심단어
河川(하천) 運河(운하)
河口(하구) 氷河(빙하)
大河小說(대하소설)
㈜江, 溪 ㈝山, 陵

0192
寒
찰 한
(宀, 12획)

핵심단어
寒氣(한기) 寒冷(한랭)
寒波(한파) 耐寒(내한)
㈜冷, 凉 ㈝溫, 暑

0193
害
해칠 해
(宀, 10획)

핵심단어
害蟲(해충)　陰害(음해)
害惡(해악)　被害(피해)
公害(공해)
유 妨, 弊　반 利

0194
許
허락할 허
(言, 11획)

핵심단어
許諾(허락)　許可(허가)
許容(허용)　特許(특허)
免許(면허)

0195
湖
호수 호
(氵, 12획)

핵심단어
湖水(호수)　湖畔(호반)
江湖(강호)
畿湖地方(기호지방)

0196
化
될 화
(匕, 4획)

핵심단어
化石(화석)　化學(화학)
文化(문화)
民族文化(민족문화)
유 改, 變, 易

0197
患
근심 환
(心, 11획)

핵심단어
憂患(우환)　患者(환자)
患亂(환란)　疾患(질환)
유 愁, 憂

0198
效
본받을 효
(攴, 10획)

핵심단어
效果(효과)　藥效(약효)
特效(특효)　無效(무효)
유 倣

0199
凶
흉할 흉
(凵, 6획)

핵심단어
凶夢(흉몽)　凶家(흉가)
元兇(원흉)　凶惡(흉악)
吉凶禍福(길흉화복)

0200
黑
검을 흑
(黑, 12획)

핵심단어
黑白(흑백)　暗黑(암흑)
黑白論理(흑백논리)
黑色宣傳(흑색선전)
유 黎　반 白

단 한번의 승부로 끝내는

한자능력 검정시험

필순

8급

教 가르칠 교 (攵, 11획)
敎 敎 敎 敎 敎 敎 敎 敎 敎 敎

校 학교 교 (木, 10획)
校 校 校 校 校 校 校 校 校 校

九 아홉 구 (乙, 2획)
九 九

國 나라 국 (口, 11획)
國 國 國 國 國 國 國 國 國 國 國

軍 군사 군 (車, 9획)
軍 軍 軍 軍 軍 軍 軍 軍 軍

金 쇠 금 (金, 8획)
金 金 金 金 金 金 金 金

南 남녘 남 (十, 9획)
南 南 南 南 南 南 南 南 南

女 여자 녀 (女, 3획)
女 女 女

年 해 년 (干, 6획)
年 年 年 年 年 年

大 큰 대 (大, 3획)
大 大 大

8급

| 東 | **동녘 동** (木, 8획)
東 東 東 東 東 東 東 東 |

| 萬 | **일만 만** (艹, 13획)
萬 萬 萬 萬 萬 萬 萬 萬 萬 |

| 母 | **어머니 모** (母, 5획)
母 母 母 母 母 |

| 木 | **나무 목** (木, 4획)
木 木 木 木 |

| 門 | **문 문** (門, 8획)
門 門 門 門 門 門 門 門 |

| 民 | **백성 민** (氏, 5획)
民 民 民 民 民 |

| 白 | **흰 백** (白, 5획)
白 白 白 白 白 |

| 父 | **아버지 부** (父, 4획)
父 父 父 父 |

| 北 | **북녘 북** (匕, 5획)
北 北 北 北 北 |

| 四 | **넉 사** (口, 5획)
四 四 四 四 四 |

8급

山 — 메(뫼) 산 (山, 3획)
丨 凵 山

三 — 석 삼 (一, 3획)
一 二 三

生 — 날 생 (生, 5획)
丿 一 牛 牛 生

西 — 서녘 서 (襾, 6획)
西 西 西 西 西 西

先 — 먼저 선 (儿, 6획)
先 先 先 先 先 先

小 — 작을 소 (小, 3획)
小 小 小

水 — 물 수 (水, 4획)
水 水 水 水

室 — 집 실 (宀, 9획)
室 室 室 室 室 室 室 室 室

十 — 열 십 (十, 2획)
十 十

五 — 다섯 오 (二, 4획)
五 五 五 五

8급

| 王 | **임금 왕** (王, 4획)
王 王 王 王 |

| 外 | **바깥 외** (夕, 5획)
外 外 外 外 外 |

| 月 | **달 월** (月, 4획)
月 月 月 月 |

| 六 | **여섯 륙** (八, 4획)
六 六 六 六 |

| 二 | **두 이** (二, 2획)
二 二 |

| 人 | **사람 인** (人, 2획)
人 人 |

| 日 | **날 일** (日, 4획)
日 日 日 日 |

| 一 | **한 일** (一, 1획)
一 |

| 長 | **긴 장** (長, 8획)
長 長 長 長 長 長 長 長 |

| 弟 | **아우 제** (弓, 7획)
弟 弟 弟 弟 弟 弟 弟 |

8급

中 가운데 중 (丨, 4획)
丨 口 口 中

靑 푸를 청 (靑, 8획)
一 二 キ 圭 丰 靑 靑 靑

寸 마디 촌 (寸, 3획)
一 寸 寸

七 일곱 칠 (一, 2획)
一 七

土 흙 토 (土, 3획)
一 十 土

八 여덟 팔 (八, 2획)
丿 八

學 배울 학 (子, 16획)
學 學 學 學 學 學 學 學 學 學 學 學 學 學 學 學

韓 나라이름 한 (韋, 17획)
韓 韓 韓 韓 韓 韓 韓 韓 韓 韓 韓 韓 韓 韓 韓 韓 韓

兄 맏 형 (儿, 5획)
兄 兄 兄 兄 兄

火 불 화 (火, 4획)
丶 丷 火 火

7급

家	**집 가** (宀, 10획)

歌	**노래 가** (欠, 14획)

間	**사이 간** (門, 12획)

江	**강 강** (氵, 6획)

車	**수레 거(차)** (車, 7획)

空	**빌 공** (穴, 8획)

工	**장인 공** (工, 3획)

口	**입 구** (口, 3획)

旗	**기 기** (方, 14획)

記	**기록할 기** (言, 10획)

7급

氣 기운 기 (气, 10획)
气气气气气气气氣氣氣

男 사내 남 (田, 7획)
男男男男男男男

内 안 내 (入, 4획)
内内内内

農 농사 농 (辰, 13획)
農農農農農農農農農農農農農

答 대답 답 (竹, 12획)
答答答答答答答答答答答答

道 길 도 (辶, 13획)
道道道道道道道道道道道道道

冬 겨울 동 (冫, 5획)
冬冬冬冬冬

洞 고을 동 (氵, 9획)
洞洞洞洞洞洞洞洞洞

動 움직일 동 (力, 11획)
動動動動動動動動動動動

同 한가지 동 (口, 6획)
同同同同同同

7급

登	**오를 등** (癶, 12획)
來	**올 래** (人, 8획)
力	**힘 력** (力, 2획)
老	**늙을 로** (老, 6획)
里	**마을 리** (里, 7획)
林	**수풀 림** (木, 8획)
立	**설 립** (立, 5획)
每	**매양 매** (母, 7획)
面	**낯 면** (面, 9획)
命	**목숨 명** (口, 8획)

7급

名 이름 명 (口, 6획)
一ク夕名名名

文 글월 문 (文, 4획)
、亠ナ文

問 물을 문 (口, 11획)
門門門門門門門門門問問

物 물건 물 (牛, 8획)
′⺧牛牜牞物物物

方 모 방 (方, 4획)
′亠方方

百 일백 백 (白, 6획)
一ア了百百百

夫 지아비 부 (大, 4획)
一二夫夫

不 아닐 불(부) (一, 4획)
一ア不不

事 일 사 (亅, 8획)
一一一一一事事事

算 셈 산 (竹, 14획)
竹竹竹竹竹笁笪笪笪算算算算算

112

7급

| 上 | **위 상** (一, 3획)
 上 上 上 |

| 色 | **빛 색** (色, 6획)
 色 色 色 色 色 色 |

| 夕 | **저녁 석** (夕, 3획)
 夕 夕 夕 |

| 姓 | **성씨 성** (女, 8획)
 姓 姓 姓 姓 姓 姓 姓 姓 |

| 世 | **세상 세** (一, 5획)
 世 世 世 世 世 |

| 所 | **바 소** (戶, 8획)
 所 所 所 所 所 所 所 所 |

| 少 | **적을 소** (小, 4획)
 少 少 少 少 |

| 數 | **셈 수** (攵, 15획)
 數 數 數 數 數 數 數 數 數 數 數 數 數 數 數 |

| 手 | **손 수** (手, 4획)
 手 手 手 手 |

| 時 | **때 시** (日, 10획)
 時 時 時 時 時 時 時 時 時 時 |

7급

市 저자 시 (巾, 5획)
市 市 市 市 市

食 먹을 식 (食, 9획)
食 食 食 食 食 食 食 食 食

植 심을 식 (木, 12획)
植 植 植 植 植 植 植 植 植 植 植 植

心 마음 심 (心, 4획)
心 心 心 心

安 편안할 안 (宀, 6획)
安 安 安 安 安 安

語 말씀 어 (言, 14획)
語 語 語 語 語 語 語 語 語 語 語 語 語 語

然 그럴 연 (灬(火), 12획)
然 然 然 然 然 然 然 然 然 然 然 然

午 낮 오 (十, 4획)
午 午 午 午

右 오른 우 (口, 5획)
右 右 右 右 右

有 있을 유 (月, 6)
有 有 有 有 有 有

7급

育
기를 육 (月, 8획)
育 育 育 育 育 育 育 育

邑
고을 읍 (邑, 7획)
邑 邑 邑 邑 邑 邑 邑

入
들 입 (入, 2획)
入 入

字
글자 자 (子, 6획)
字 字 字 字 字 字

自
스스로 자 (自, 6획)
自 自 自 自 自 自

子
아들 자 (子, 3획)
子 子 子

場
마당 장 (土, 12획)
場 場 場 場 場 場 場 場 場 場 場 場

電
번개 전 (雨, 13획)
電 電 電 電 電 電 電 電 電 電 電 電 電

前
앞 전 (刂(刀), 9획)
前 前 前 前 前 前 前 前 前

全
온전할 전 (入, 6획)
全 全 全 全 全 全

7급

正 바를 정 (止, 5획)
正 丁 下 正 正

祖 할아비 조 (示, 10획)
祖 祖 干 礻 礻 礻 祖 祖 祖 祖

足 발 족 (足, 7획)
足 足 口 口 足 足 足

左 왼 좌 (土, 3획)
ー ナ 左 左 左

住 살 주 (亻(人), 7획)
亻 亻 亻 亻 住 住 住

主 주인 주 (丶, 5획)
丶 亠 主 主 主

重 무거울 중 (里, 9획)
重 重 千 千 重 重 重 重 重

地 땅 지 (土, 6획)
地 地 地 地 地 地

紙 종이 지 (糸, 10획)
紙 紙 紙 紙 糸 糸 紙 紙 紙 紙

直 곧을 직 (目, 8획)
直 直 十 古 古 育 直 直

7급

| 川 | **내 천** (川, 3획)
川 川 川 |

| 千 | **일천 천** (十, 3획)
千 千 千 |

| 天 | **하늘 천** (大, 4획)
天 天 天 天 |

| 草 | **풀 초** (艹, 10획)
草 草 草 草 草 草 草 草 草 草 |

| 村 | **마을 촌** (木, 7획)
村 村 村 村 村 村 村 |

| 秋 | **가을 추** (禾, 9획)
秋 秋 秋 秋 秋 秋 秋 秋 秋 |

| 春 | **봄 춘** (日, 9획)
春 春 春 春 春 春 春 春 春 |

| 出 | **날 출** (凵, 5획)
出 出 出 出 出 |

| 便 | **편할 편** (亻(人), 9획)
便 便 便 便 便 便 便 便 |

| 平 | **평평할 평** (干, 5획)
平 平 平 平 平 |

7급

下 아래 하 (一, 3획)
下 丁 下

夏 여름 하 (夊, 10획)
夏 夏 夏 万 百 百 百 頁 頁 夏 夏

漢 한수 한 (氵(水), 14획)
漢 漢 漢 漢 漢 漢 漢 漢 漢 漢 漢 漢 漢 漢

海 바다 해 (氵(水), 10획)
海 海 海 海 海 海 海 海 海 海

花 꽃 화 (艹, 8획)
花 花 花 花 花 花 花 花

話 말씀 화 (言, 13획)
話 話 話 話 話 話 話 話 話 話 話 話 話

活 살 활 (氵(水), 9획)
活 活 活 活 活 活 活 活 活

孝 효도 효 (子, 7획)
孝 孝 孝 孝 孝 孝 孝

後 뒤 후 (彳, 9획)
後 後 後 後 後 後 後 後 後

休 쉴 휴 (人, 6획)
休 休 休 休 休 休

6급

各	**각각 각** (口, 6획) 各 各 各 各 各 各

角	**뿔 각** (角, 7획) 角 角 角 角 角 角 角

感	**느낄 감** (心, 13획) 感 感 感 感 感 感 感 感 感 感 感 感 感

強	**강할 강** (弓, 12획) 強 強 強 強 強 強 強 強 強 強 強 強

開	**열 개** (門, 12획) 開 開 開 開 開 開 開 開 開 開 開 開

京	**서울 경** (亠, 8획) 京 京 京 京 京 京 京 京

計	**셀 계** (言, 9획) 計 計 計 計 計 計 計 計 計

界	**지경 계** (田, 9획) 界 界 界 界 界 界 界 界 界

高	**높을 고** (高, 10획) 高 高 高 高 高 高 高 高 高

苦	**괴로울 고** (艸, 9획) 苦 苦 苦 苦 苦 苦 苦 苦 苦

6급

古 옛 고 (口, 5획)
古 古 古 古 古

功 공 공 (力, 5획)
功 功 功 功 功

公 공평할 공 (八, 4획)
公 公 公 公

共 함께 공 (八, 6획)
共 共 共 共 共 共

科 과목 과 (禾, 9획)
科 科 科 科 科 科 科 科 科

果 과실 과 (木, 8획)
果 果 果 果 果 果 果 果

光 빛 광 (儿, 6획)
光 光 光 光 光 光

交 사귈 교 (亠, 6획)
交 交 交 交 交 交

球 공 구 (王, 11획)
球 球 球 球 球 球 球 球 球 球 球

區 나눌 구 (匸, 11획)
區 區 區 區 區 區 區 區 區 區 區

6급

郡	**고을 군** (阝(邑), 10획)
近	**가까울 근** (辶, 8획)
根	**뿌리 근** (木, 10획)
今	**이제 금** (人, 4획)
急	**급할 급** (心, 9획)
級	**등급 급** (糸, 10획)
多	**많을 다** (夕, 6획)
短	**짧을 단** (矢, 12획)
堂	**집 당** (土, 11획)
待	**기다릴 대** (彳, 9획)

6급

代 대신할 대 (亻(人), 5획)
代 代 代 代 代

對 대답할 대 (寸, 14획)
對 對 對 對 對 對 對 對 對 對

圖 그림 도 (囗, 14획)
圖 圖 圖 圖 圖 圖 圖 圖 圖 圖 圖 圖

度 법도 도, 헤아릴 탁 (广, 9획)
度 度 度 度 度 度 度 度 度

讀 읽을 독 (言, 22획)
讀 讀 讀 讀 讀 讀 讀 讀 讀

童 아이 동 (立, 12획)
童 童 童 童 童 童 童 童 童 童 童 童

頭 머리 두 (頁, 16획)
頭 頭 頭 頭 頭 頭 頭 頭 頭 頭 頭

等 무리 등 (竹, 12획)
等 等 等 等 等 等 等 等 等 等 等

樂 즐거울 락 (木, 15획)
樂 樂 樂 樂 樂 樂 樂 樂 樂

例 법식 례 (亻(人), 8획)
例 例 例 例 例 例 例 例

6급

禮	**예도 례** (示, 18획)
路	**길 로** (足, 13획)
綠	**푸를 록** (糸, 14획)
理	**다스릴 리** (王, 11획)
李	**오얏 리** (木, 7획)
利	**이로울 리** (刂(刀), 7획)
明	**밝을 명** (日, 8획)
目	**눈 목** (目, 5획)
聞	**들을 문** (耳, 14획)
米	**쌀 미** (米, 6획)

6급

美 아름다울 미 (羊, 9획)

朴 순박할 박 (木, 6획)

半 절반 반 (十, 5획)

反 돌이킬 반 (又, 4획)

班 나눌 반 (王, 10획)

發 필 발 (癶, 12획)

放 놓을 방 (攵, 8획)

番 차례 번 (田, 12획)

別 다를 별 (刂(刀), 7획)

病 병 병 (疒, 10획)

6급

服 옷 **복** (月, 8획)
服 服 服 服 服 服 服 服

本 근본 **본** (木, 5획)
本 本 本 本 本

部 거느릴 **부** (阝(邑), 11획)
部 部 部 部 部 部 部 部 部 部 部

分 나눌 **분** (刀, 4획)
分 分 分 分

社 모일 **사** (示, 8획)
社 社 社 社 社 社 社

死 죽을 **사** (歹, 6획)
死 死 死 死 死 死

使 하여금 **사** (人, 8획)
使 使 使 使 使 使 使

書 글 **서** (日, 10획)
書 書 書 書 書 書 書 書 書 書

石 돌 **석** (石, 5획)
石 石 石 石 石

席 자리 **석** (巾, 10획)
席 席 席 席 席 席 席 席 席

6급

線 줄 선 (糸, 15획)
線線線線線線線線線線

雪 눈 설 (雨, 11획)
雪雪雪雪雪雪雪雪雪雪

省 살필 성, 덜 생 (目, 9획)
省省省省省省省省省

成 이룰 성 (戈, 7획)
成成成成成成成

消 사라질 소 (氵(水), 10획)
消消消消消消消消消消

速 빠를 속 (辶, 11획)
速速速速速速速速速速速

孫 손자 손 (子, 10획)
孫孫孫孫孫孫孫孫孫孫

樹 나무 수, 세울 수 (木, 16획)
樹樹樹樹樹樹樹樹樹樹樹樹

術 재주 술 (行, 11획)
術術術術術術術術術術術

習 익힐 습 (羽, 11획)
習習習習習習習習習習習

6급

勝	**이길 승** (力, 12획)
始	**처음 시** (女, 8획)
式	**법 식** (弋, 6획)
神	**귀신 신** (示, 10획)
身	**몸 신** (身, 7획)
信	**믿을 신** (亻(人), 9획)
新	**새로울 신** (斤, 13획)
失	**잃을 실** (大, 5획)
愛	**사랑 애** (心, 13획)
野	**들 야** (里, 11획)

6급

夜 밤 야 (夕, 8획)

藥 약 약 (艹, 19획)

弱 약할 약 (弓, 10획)

陽 볕 양 (阝(阜), 12획)

洋 큰바다 양 (氵(水), 9획)

言 말씀 언 (言, 7획)

業 일 업 (木, 13획)

永 길 영 (水, 5획)

英 꽃부리 영 (艹, 9획)

溫 따뜻할 온 (氵(水), 13획)

6급

| 勇 | **날쌜 용** (力, 9획)
勇 勇 勇 勇 勇 勇 勇 勇 勇 |

| 用 | **쓸 용** (用, 5획)
用 用 用 用 用 |

| 運 | **움직일 운** (辶, 13획)
運 運 運 運 運 運 運 運 運 運 運 運 運 |

| 園 | **동산 원** (囗, 13획)
園 園 園 園 園 園 園 園 園 園 園 園 園 |

| 遠 | **멀 원** (辶, 14획)
遠 遠 遠 遠 遠 遠 遠 遠 遠 遠 遠 遠 遠 遠 |

| 油 | **기름 유** (氵(水), 8획)
油 油 油 油 油 油 油 油 |

| 由 | **말미암을 유** (田, 5획)
由 由 由 由 由 |

| 銀 | **은 은** (金, 14획)
銀 銀 銀 銀 銀 銀 銀 銀 銀 銀 銀 銀 銀 銀 |

| 飮 | **마실 음** (食, 13획)
飮 飮 飮 飮 飮 飮 飮 飮 飮 飮 飮 飮 飮 |

| 音 | **소리 음** (音, 9획)
音 音 音 音 音 音 音 音 音 |

6급

意 뜻 의 (心, 13획)
意 意 意 意 产 产 音 音 意 意 意

衣 옷 의 (衣, 6획)
衣 衣 ナ 衣 衣 衣

醫 의원 의 (酉, 18획)
醫 醫 醫 醫 醫 醫 醫 醫 醫 醫 醫

者 사람 자 (耂, 9획)
者 者 耂 耂 耂 耂 者 者 者

昨 어제 작 (日, 9획)
昨 昨 昨 昨 昨 昨 昨 昨 昨

作 지을 작 (亻(人), 7획)
作 作 作 作 作 作 作

章 글 장 (立, 11획)
章 章 章 章 产 产 音 音 音 章 章

在 있을 재 (土, 6획)
在 在 在 在 在 在

才 재주 재 (才, 3획)
十 才 才

戰 싸움 전 (戈, 16획)
戰 戰 戰 戰 戰 戰 戰 戰 戰 戰

6급

庭 — **뜰 정** (广, 10획)
庭庭庭庭庭庭庭庭庭庭

定 — **정할 정** (宀, 8획)
定定定定定定定定

題 — **제목 제** (頁, 18획)
題題題題題題題題題題題題

第 — **차례 제** (竹, 11획)
第第第第第第第第第第第

朝 — **아침 조** (月, 12획)
朝朝朝朝朝朝朝朝朝朝朝朝

族 — **겨레 족** (方, 11획)
族族族族族族族族族族族

晝 — **낮 주** (日, 11획)
晝晝晝晝晝晝晝晝晝晝晝

注 — **물댈 주** (氵(水), 8획)
注注注注注注注注

集 — **모일 집** (隹, 12획)
集集集集集集集集集集集集

窓 — **창문 창** (穴, 11획)
窓窓窓窓窓窓窓窓窓窓窓

6급

清 맑을 청 (氵(水), 11획)

體 몸 체 (骨, 23획)

親 친할 친 (見, 16획)

太 클 태 (大, 4획)

通 통할 통 (辶, 11획)

特 특별할 특 (牛, 10획)

表 겉 표 (衣, 8획)

風 바람 풍 (風, 9)

合 합할 합 (口, 6획)

行 다닐 행 (行, 6획)

6급

幸	**다행 행** (干, 8획)
	幸 幸 幸 幸 幸 幸 幸 幸

向	**향할 향** (口, 6획)
	向 向 向 向 向 向

現	**나타날 현** (王, 11획)
	現 現 現 現 現 現 現 現 現 現

形	**모양 형** (彡, 7획)
	形 形 形 形 形 形 形

號	**이름 호** (虍, 13획)
	號 號 號 號 號 號 號 號 號 號 號 號 號

畫	**그림 화** (田, 13획)
	畫 畫 畫 畫 畫 畫 畫 畫 畫 畫 畫 畫 畫

和	**화목할 화** (口, 8획)
	和 和 和 和 和 和 和 和

黃	**누를 황** (黃, 12획)
	黃 黃 黃 黃 黃 黃 黃 黃 黃 黃 黃 黃

會	**모일 회** (曰, 13획)
	會 會 會 會 會 會 會 會 會 會 會 會 會

訓	**가르칠 훈** (言, 10획)
	訓 訓 訓 訓 訓 訓 訓 訓 訓 訓

5급

價 값 가 (亻(人), 15획)
價 價 價 價 價 價 價 價 價 價 價 價 價 價 價

加 더할 가 (力, 5획)
加 加 加 加 加

可 옳을 가 (口, 5획)
可 可 可 可 可

改 고칠 개 (攵, 7획)
改 改 改 改 改 改 改

客 손님 객 (宀, 9획)
客 客 客 客 客 客 客 客 客

去 갈 거 (厶, 5획)
去 去 去 去 去

擧 들 거 (手, 18획)
擧 擧 擧 擧 擧 擧 擧 擧 擧 擧 擧 擧 擧 擧 擧 擧 擧 擧

件 사건 건 (亻(人), 6획)
件 件 件 件 件 件

建 세울 건 (廴, 9획)
建 建 建 建 建 建 建 建 建

健 건강할 건 (亻(人), 11획)
健 健 健 健 健 健 健 健 健 健 健

5급

| 格 | **격식 격** (木, 10획)
格格格格格格格格格格 |

| 見 | **볼 견** (見, 7획)
見見見見見見見 |

| 決 | **결단할 결** (氵, 7획)
決決決決決決決 |

| 結 | **맺을 결** (糸, 12획)
結結結結結結結結結結結結 |

| 輕 | **가벼울 경** (車, 14획)
輕輕輕輕輕輕輕輕輕輕輕輕輕輕 |

| 景 | **볕 경** (日, 12획)
景景景景景景景景景景景景 |

| 敬 | **공경할 경** (攵(攴), 13획)
敬敬敬敬敬敬敬敬敬敬敬敬敬 |

| 競 | **다툴 경** (立, 20획)
競競競競競競競競競競競競競競競競競競競競 |

| 固 | **굳을 고** (口, 8획)
固固固固固固固固 |

| 考 | **상고할 고** (耂, 6획)
考考考考考考 |

5급

| 告 | **알릴 고** (口, 7획)
告 告 告 告 告 告 告 |

| 曲 | **굽을 곡** (曰, 6획)
曲 曲 曲 曲 曲 曲 |

| 課 | **매길 과** (言, 15획)
課 課 課 課 課 課 課 課 課 課 課 課 課 課 課 |

| 過 | **지날 과** (辶, 13획)
過 過 過 過 過 過 過 過 過 過 過 過 過 |

| 關 | **빗장 관** (門, 19획)
關 關 關 關 關 關 關 關 關 關 關 關 關 關 關 關 關 關 關 |

| 觀 | **볼 관** (見, 25획)
觀 觀 觀 觀 觀 觀 觀 觀 觀 觀 觀 觀 觀 |

| 廣 | **넓을 광** (广, 15획)
廣 廣 廣 廣 廣 廣 廣 廣 廣 廣 廣 廣 廣 廣 廣 |

| 橋 | **다리 교** (木, 16획)
橋 橋 橋 橋 橋 橋 橋 橋 橋 橋 橋 橋 橋 橋 |

| 具 | **갖출 구** (八, 8획)
具 具 具 具 具 具 具 具 |

| 救 | **구원할 구** (攵, 11획)
救 救 救 救 救 救 救 救 救 救 救 |

5급

舊	**옛 구** (臼, 18획)
局	**판 국** (尸, 7획)
貴	**귀할 귀** (貝, 12획)
規	**법 규** (見, 11획)
給	**줄 급** (糸, 12획)
期	**기약할 기** (月, 12획)
汽	**물끓는김 기** (氵(水), 7획)
己	**몸 기** (己, 3획)
技	**재주 기** (扌, 7획)
基	**터 기** (土, 11획)

5급

吉 길할 길 (口, 6획)
吉 吉 吉 吉 吉 吉

念 생각 념 (心, 8획)
念 念 念 念 念 念 念 念

能 능할 능 (月, 10획)
能 能 能 能 能 能 能 能 能 能

團 둥글 단 (口, 14획)
團 團 團 團 團 團 團 團 團 團 團 團 團 團

壇 제단 단 (土, 16획)
壇 壇 壇 壇 壇 壇 壇 壇 壇 壇 壇 壇 壇 壇

談 말씀 담 (言, 15획)
談 談 談 談 談 談 談 談 談 談 談 談 談 談

當 마땅할 당 (田, 13획)
當 當 當 當 當 當 當 當 當 當 當 當 當

德 덕 덕 (彳, 15획)
德 德 德 德 德 德 德 德 德 德 德 德 德 德

都 도읍 도 (阝(邑), 12획)
都 都 都 都 都 都 都 都 都 都 都 都

島 섬 도 (山, 10획)
島 島 島 島 島 島 島 島 島 島

5급

到	**이를 도** (刂(刀), 8획)
獨	**홀로 독** (犭, 16획)
落	**떨어질 락** (艹, 13획)
朗	**밝을 랑** (月, 11획)
冷	**찰 랭** (冫, 7획)
良	**어질 량** (艮, 7획)
量	**헤아릴 량** (里, 12획)
旅	**나그네 려** (方, 10획)
歷	**지낼 력** (止, 16획)
練	**익힐 련** (糹, 15획)

5급

領 옷깃 령 (頁, 14획)

令 하여금 령 (人, 5획)

勞 수고로울 로 (力, 12획)

料 헤아릴 료 (斗, 10획)

類 무리 류 (頁, 19획)

流 흐를 류 (氵, 10획)

陸 뭍 륙 (阝(阜), 11획)

馬 말 마 (馬, 10획)

末 끝 말 (木, 5획)

亡 망할 망 (亠, 3획)

5급

望
바랄 망 (月, 11획)

買
살 매 (貝, 12획)

賣
팔 매 (貝, 15획)

無
없을 무 (灬(火), 12획)

倍
갑절 배 (亻(人), 10획)

法
법 법 (氵(水), 8획)

變
변할 변 (言, 23획)

兵
군사 병 (八, 7획)

福
복 복 (示, 14획)

奉
받들 봉 (大, 8획)

5급

比 견줄 비 (比, 4획)

費 쓸 비 (貝, 12획)

鼻 코 비 (鼻, 14획)

氷 얼음 빙 (水, 5획)

寫 베낄, 쓸 사 (宀, 15획)

思 생각 사 (心, 9획)

士 선비 사 (士, 3획)

仕 벼슬할 사 (人, 5획)

史 역사 사 (口, 5획)

査 조사할 사 (木, 9획)

5급

産 낳을 산 (生, 11획)

賞 상줄 상 (貝, 15획)

相 서로 상 (目, 9획)

商 장사 상 (口, 11획)

序 차례 서 (广, 7획)

選 가릴 선 (辶, 16획)

鮮 고울 선 (魚, 17획)

船 배 선 (舟, 11획)

仙 신선 선 (亻(人), 5획)

善 착할 선 (口, 12획)

5급

| 說 | **말씀 설** (言, 14획) |

| 性 | **성품 성** (忄(心), 8획) |

| 洗 | **씻을 세** (氵(水), 9획) |

| 歲 | **해 세** (止, 13획) |

| 束 | **묶을 속** (木, 7획) |

| 首 | **머리 수** (首, 9획) |

| 宿 | **잠잘 숙** (宀, 11획) |

| 順 | **순할 순** (頁, 12획) |

| 示 | **보일 시** (示, 5획) |

| 識 | **알 식** (言, 19획) |

5급

臣	**신하 신** (臣, 6획)

實	**열매 실** (宀, 14획)

兒	**아이 아** (儿, 8획)

惡	**악할 악** (心, 12획)

案	**책상 안** (木, 10획)

約	**맺을 약** (糸, 9획)

養	**기를 양** (食, 15획)

魚	**물고기 어** (魚, 11획)

漁	**고기잡을 어** (氵(水), 14획)

億	**억 억** (人, 15획)

5급

熱 더울 열 (灬(火), 15획)

葉 잎 엽 (艹, 13획)

屋 집 옥 (尸, 9획)

完 완전할 완 (宀, 7획)

曜 빛날 요 (日, 18획)

要 구할 요 (襾, 9획)

浴 목욕할 욕 (氵(水), 10획)

友 벗 우 (又, 4획)

雨 비 우 (雨, 8획)

牛 소 우 (牛, 4획)

5급

雲	**구름 운** (雨, 12획)
	雲雲雲雲雲雲雲雲雲雲雲雲

雄	**수컷 웅** (隹, 12획)
	雄雄雄雄雄雄雄雄雄雄雄

原	**언덕 원** (厂, 10획)
	原原原原原原原原原

願	**원할 원** (頁, 19획)
	願願願願願願願願願願願願願願

元	**으뜸 원** (儿, 4획)
	元元元元

院	**집 원** (阝(阜), 10획)
	院院院院院院院院院院

偉	**클 위** (亻(人), 11획)
	偉偉偉偉偉偉偉偉偉

位	**자리 위** (人, 7획)
	位位位位位位位

耳	**귀 이** (耳, 6획)
	耳耳耳耳耳耳

以	**써 이** (人, 5획)
	以以以以以

5급

因 인할 인 (口, 6획)
丨 冂 冂 凢 囙 因 因

任 맡길 임 (人, 6획)
亻 仁 仁 仁 任 任

再 두 재 (冂, 6획)
一 广 丌 丙 再 再

材 재목 재 (木, 7획)
一 十 才 材 材 材 材

財 재물 재 (貝, 10획)
丨 冂 冂 月 目 貝 貝 財 財 財

災 재앙 재 (火, 7획)
巛 巛 巛 巛 巛 災 災

爭 다툴 쟁 (爪, 8획)
爭 爭 爭 爭 爭 爭 爭 爭

貯 쌓을 저 (貝, 12획)
丨 冂 冂 月 目 貝 貝 貯 貯 貯 貯 貯

的 과녁 적 (白, 8획)
的 的 的 的 的 的 的 的

赤 붉을 적 (赤, 7획)
赤 赤 赤 赤 赤 赤 赤

5급

典	**법 전** (八, 8획)
傳	**전할 전** (亻(人), 13획)
展	**펼 전** (尸, 10획)
切	**끊을 절, 모두 체** (刀, 4획)
節	**마디 절** (竹, 15획)
店	**가게 점** (广, 8획)
情	**뜻 정** (忄(心), 11획)
停	**머무를 정** (亻(人), 11획)
調	**고를 조** (言, 15획)
操	**잡을 조** (扌, 16획)

5급

卒	**군사 졸** (十, 8획)
終	**마칠 종** (糸, 9획)
種	**씨 종** (禾, 14획)
罪	**허물 죄** (罒, 13획)
州	**고을 주** (川, 6획)
週	**주일, 돌 주** (辶, 12획)
止	**그칠 지** (止, 4획)
知	**알 지** (矢, 8획)
質	**바탕 질** (貝, 15획)
着	**붙을 착** (目, 12획)

5급

參	**참여할 참** (厶, 11획)
唱	**부를 창** (口, 11획)
責	**꾸짖을 책** (貝, 11획)
鐵	**쇠 철** (金, 21획)
初	**처음 초** (刀, 7획)
最	**가장 최** (日, 12획)
祝	**빌 축** (示, 10획)
充	**채울 충** (儿, 6획)
致	**이를 치** (至, 10획)
則	**법칙 칙** (刂(刀), 9획)

151

5급

他 다를 타 (亻, 5획)
他 他 他 他 他

打 칠 타 (扌, 5획)
打 打 打 打 打

卓 높을 탁 (十, 8획)
卓 卓 卓 卓 卓 卓 卓 卓

炭 숯 탄 (火, 9획)
炭 炭 炭 炭 炭 炭 炭 炭 炭

宅 집 택 (宀, 6획)
宅 宅 宅 宅 宅 宅

板 널빤지 판 (木, 8획)
板 板 板 板 板 板 板 板

敗 패할 패 (攵, 11획)
敗 敗 敗 敗 敗 敗 敗 敗 敗 敗 敗

品 물건 품 (口, 9획)
品 品 品 品 品 品 品 品 品

必 반드시 필 (心, 5획)
必 必 必 必 必

筆 붓 필 (竹, 12획)
筆 筆 筆 筆 筆 筆 筆 筆 筆 筆 筆 筆

5급

河	**물 하** (氵(水), 8획)
寒	**찰 한** (宀, 12획)
害	**해칠 해** (宀, 10획)
許	**허락할 허** (言, 11획)
湖	**호수 호** (氵(水), 12획)
化	**될 화** (匕, 4획)
患	**근심 환** (心, 11획)
效	**본받을 효** (攵, 10획)
凶	**흉할 흉** (凵, 6획)
黑	**검을 흑** (黑, 12획)

동양 고전 속의 한 마디

天下難事 必作於易 天下大事
必作於細 是以聖人 終不爲大
故能成其大.

천하의 어려운 일은 반드시 쉬운 것에서 일어나고,
천하의 큰일은 반드시 작은 일에서 일어난다.
이 때문에 성인은 결코 큰일을 하려 하지 않기 때문에
결국 큰일을 이루어낼 수 있는 것이다.

《老子》

단 한번의 승부로 끝내는

한자능력 검정시험

유형별
한자

[同字異音語]

降	내릴 강	降雨강우, 昇降승강
	항복할 항	降伏항복, 投降투항
更	다시 갱	更生갱생, 更紙갱지
	고칠 경	更張경장, 三更삼경
車	수레 거	車馬거마, 四輪車사륜거
	수레 차	車票차표, 馬車마차
見	볼 견	見聞견문, 一見일견
	뵈올 현	謁見알현, 露見노현
告	고할 고	告示고시, 豫古예고
	청할 곡	告寧곡녕, 出必告출필곡
串	꿸 관	串童관동, 串戲관희
	꼬챙이 찬	串子찬자, 官串관찬
	땅이름 곶	甲串갑곶(地名)
龜	거북 구	龜浦구포(地名), 龜玆구자(國名)
	거북 귀	龜鑑귀감, 龜尾兎角귀미토각
	터질 균	龜裂균열, 龜坼균탁
金	쇠 금	金品금품, 賞金상금
	성 김	金氏김씨, 金浦김포(地名)
奈	어찌 나	奈落나락
	어찌 내	奈何내하

南	남녘 **남**	南北남북
	범어 **나**	南無나무
帑	처자 **노**	妻帑처노, 鳥帑조노
	금고 **탕**	內帑金내탕금, 帑庫탕고
茶	차 **다**	茶菓다과, 點茶점다, 茶洞다동(地名)
	차 **차**	紅茶홍차, 葉茶엽차
宅	집 **댁**	宅內댁내, 宅下人댁하인
	집 **택**	宅地택지, 住宅주택
度	법도 **도**	度數도수, 年度년도
	헤아릴 **탁**	度支部탁지부, 忖度촌탁
讀	읽을 **독**	讀書독서, 耽讀탐독
	구절 **두**	吏讀이두, 句讀구두
洞	마을 **동**	洞里동리, 合洞합동
	살필 **통**	洞察통찰, 洞燭통촉
屯	진칠 **둔**	屯田둔전, 駐屯주둔
	험할 **준**	屯困준곤, 屯險준험
樂	즐길 **락**	樂園낙원
	좋아할 **요**	樂山樂水요산요수
反	돌이킬 **반**	反亂반란, 違反위반
	어려울 **번**	反田번전, 反胃번위
白	흰 **백**	白骨백골
	아뢸 **백**	主人白주인백
便	똥오줌 **변**	便所변소, 小便소변
	편할 **편**	便理편리, 郵便우편
復	돌아올 **복**	復歸복귀, 恢復회복
	다시 **부**	復活부활, 復興부흥
父	아비 **부**	父母부모, 生父생부
	자 **보**	尙父상보, 尼父이보
否	아닐 **부**	否決부결, 可否가부
	막힐 **비**	否塞비색, 否運비운
北	북녘 **북**	北進북진, 南北남북
	달아날 **배**	敗北패배
分	나눌 **분**	分裂분열, 部分부분
	푼 **푼**	分錢푼전, 五分邊오푼

不	아닐 **불**	不死草불사초, 不遇불우	說	말씀 **설**	說得설득, 學說학설
	아닐 **부**	不動産부동산, 不在부재		달랠 **세**	說客세객, 遊說유세
				기쁠 **열**	說喜열희, 不亦說乎불역열호

沸　끓을 **비**　沸騰비등, 煮沸자비
　　용솟음할 **불**　沸水불수, 沸然불연

省　살필 **성**　省墓성묘, 反省반성
　　덜 **생**　省略생략, 省力생력

寺　절 **사**　寺刹사찰, 本寺본사
　　관청 **시**　寺人시인

率　거느릴 **솔**　率先솔선, 引率인솔
　　비율 **률**　率身율신, 能率능률

殺　죽일 **살**　殺生살생, 死殺사살
　　빠를 **쇄**　殺到쇄도, 相殺상쇄

衰　쇠할 **쇠**　衰退쇠퇴, 盛衰성쇠
　　상옷 **최**　衰服최복

狀　형상 **상**　狀況상황, 狀態상태
　　문서 **장**　狀啓장계, 賞狀상장

數　셀 **수**　數學수학, 運數운수
　　자주 **삭**　數白삭백, 頻數빈삭
　　촘촘할 **촉**　數罟촉고

索　찾을 **색**　索引색인, 思索사색
　　쓸쓸할 노**삭**　索莫삭막, 索道삭도

宿　잘 **숙**　宿泊숙박, 路宿노숙
　　별자수 **수**　宿曜수요, 二十八宿이십팔수

塞　막힐 **색**　塞源색원, 閉塞폐색
　　요새 **새**　塞翁之馬새옹지마, 要塞요새

食　밥 **식**　食堂식당, 美食家미식가
　　먹을 **사**　食氣사기, 蔬食소사

十	열 **십** 十干십간, 　　　 十二支십이지 열번째 **시** 十月시월, 　　　 十方世界시방세계		咽	목구멍 **인** 咽喉인후, 咽頭인두 목멜 **열** 嗚咽오열

十　열 **십**　十干십간,
　　　　　 十二支십이지
　　열번째 **시**　十月시월,
　　　　　 十方世界시방세계

什　열사람 **십**　什長십장, 什六십육
　　세간 **집**　什器집기, 佳什가집

惡　악할 **악**　惡漢악한, 懲惡징악
　　미워할 **오**　惡寒오한, 憎惡증오

於　어조사 **어**　於是乎어시호,
　　　　　　　 於焉間어언간
　　탄식할 **오**　於兎오토, 於乎오호

葉　입 **엽**　葉書엽서, 落葉낙엽
　　성 **섭**　葉氏섭씨,
　　　　　 迦葉가섭(人名)

六　여섯 **육**　六法육법
　　여섯번 **유**　六月유월,
　　　　　　　 五六月오뉴월

易　쉬울 **이**　易慢이만, 難易난이
　　바꿀 **역**　易學역학, 貿易무역

咽　목구멍 **인**　咽喉인후, 咽頭인두
　　목멜 **열**　嗚咽오열

炙　구울 **자**　炙背자배, 膾炙회자
　　구울 **적**　炙鐵적철, 散炙산적

刺　찌를 **자**　刺戟자극, 諷刺풍자
　　찌를 **척**　刺殺척살, 刺船척선
　　수라 **라**　水刺수라

場　마당 **장**　場所장소
　　마당 **량**　道場도량

抵　막을 **저**　抵抗저항,
　　　　　　 根低當근저당
　　칠 **지**　抵掌지장

著　나타날 **저**　著述저술, 顯著현저
　　붙을 **착**　著近착근, 附著부착

切　끊을 **절**　切迫절박, 一切일절
　　온통 **체**　一切일체

提　끌 **제**　提携제휴, 前提전제
　　떼지어 **날**　提提시시
　　깨달을 **리**　菩提授보리수

佐	도울 **좌** 補佐보좌 도울 **자** 佐飯자반	沈	잠길 **침** 沈沒침몰, 擊沈격침 성 **심** 沈氏심씨
辰	별 **진** 辰時진시, 日辰일진 새벽 **신** 生辰생신, 星辰성신	拓	박을 **탁** 拓本탁본, 拓落탁락 넓힐 **척** 拓殖척식, 開拓개척
徵	부를 **징** 徵兵징병, 象徵상징 음률 **치** 宮尙角徵羽 　　　궁상각치우(五音오음)	跛	절름발이 **파** 跛行파행, 　　　跛蹇파건 비스듬히설 **피** 跛立피립, 　　　跛依피의
差	다를 **차** 差別차별, 格差격차 차별 **치** 差參치참, 差輕치경	婆	할미 **파** 婆娑파사, 老婆노파 세상 **바** 婆羅門바라문, 　　　娑婆世界사바세계
帖	표제 **첩** 帖着첩착, 手帖수첩 체지 **체** 帖文체문, 帖紙체지	八	여덟 **팔** 八日팔일 여덟번 **파** 四月初八日 　　　사월초파일
諦	살필 **체** 諦念체념, 妙諦묘체 울 **제** 眞諦진제, 三諦삼제	布	펼 **포** 布告포고, 頒布반포 보시 **보** 布施보시
丑	소 **축** 丑時축시, 　　乙丑年을축년 이름 **추** 公孫丑공손추(人名)	暴	사나울 **폭** 暴動폭동, 亂暴난폭 사나울 **포** 暴惡포악, 橫暴횡포
則	법칙 **칙** 則度칙도, 規則규칙 곧 **즉** 然則연즉	皮	가죽 **피** 皮革피혁, 木皮목피 가죽 **비** 鹿皮녹비

行 　다닐 **행**　行列행렬, 決行결행
　　항렬 **항**　行列항렬, 叔行숙항

陜 　좁을 **협**　陜隘협애, 山陜산협
　　땅이름 **합**　陜川합천(地名)

滑 　미끄러울 **활**　滑走路활주로,
　　　　　　　　　圓滑원활
　　익살스러울 **골**　滑稽골계

혼동하기 쉬운 한자

ㄱ

佳 아름다울 **가**(佳人가인)
住 살 **주**(住宅주택)
往 갈 **왕**(往來왕래)

閣 누각 **각**(樓閣누각)
閤 쪽문 **합**(守閤수합)

刻 새길 **각**(彫刻조각)
核 씨 **핵**(核心핵심)
該 그 **해**(該當해당)

殼 껍질 **각**(貝殼패각)
穀 곡식 **곡**(穀食곡식)
毅 굳셀 **의**(毅然의연)

幹 줄기 **간**(基幹기간)
斡 구를 **알**(斡旋알선)

干 방패 **간**(干城간성)
于 어조사 **우**(于先우선)

鬼 귀신 **귀**(鬼神귀신)
蒐 모을 **수**(蒐集수집)

減 덜 **감**(減少감소)
滅 멸망할 **멸**(滅亡멸망)

甲 첫째천간 **갑**(甲乙갑을)
申 펼 **신**(申告신고)
由 말미암을 **유**(理由이유)
田 밭 **전**(田畓전답)

鋼 굳셀 강(鋼鐵강철)
綱 벼리 강(綱領강령)
網 그물 망(魚網어망)

腔 빈속 강(腹腔복강)
控 당길 공(控除공제)

儉 검소할 검(儉素검소)
險 험할 험(險難험난)
檢 검사할 검(點檢점검)

件 물건 건(要件요건)
伴 짝 반(同伴동반)

建 세울 건(建築건축)
健 건강할 건(健康건강)

犬 개 견(猛犬맹견)
大 큰 대(大將대장)

丈 어른 장(方丈방장)
太 클 태(太極태극)

坑 구덩이 갱(坑道갱도)
抗 겨룰 항(抵抗저항)

堅 굳을 견(堅實견실)

竪 세울 수(竪立수립)

決 결단할 결(決定결정)
快 쾌할 쾌(豪快호쾌)

境 경계 경(終境종경)
意 뜻 의(謝意사의)

更 고칠 경(變更변경)
吏 벼슬 리(吏房리방)
曳 끌 예(曳引예인)

競 다툴 경(競爭경쟁)
兢 삼갈 긍(兢戒긍계)

頃 잠깐 경(頃刻경각)
頂 정수리 정(頂上정상)
項 목덜미 항(項目항목)
計 셈할 계(計算계산)
訃 부음 부(訃音부음)

戒 경계할 계(警戒경계)
戎 병기 융(戎車융거)

季 철 계(季節계절)
李 자두 리(行李행리)
秀 빼어날 수(優秀우수)

| 階 | 섬돌 **계**(階段계단) |
| 陸 | 뭍 **륙**(陸地육지) |

| 苦 | 괴로울 **고**(苦難고난) |
| 若 | 만약 **약**(萬若만약) |

| 孤 | 외로울 **고**(孤獨고독) |
| 狐 | 여우 **호**(白狐백호) |

困	곤할 **곤**(疲困피곤)
囚	가둘 **수**(囚人수인)
因	인할 **인**(因緣인연)

| 汨 | 빠질 **골**(汨沒골몰) |
| 泊 | 쉴 **박**(宿泊숙박) |

| 勸 | 권할 **권**(勸善권선) |
| 權 | 권세 **권**(權利권리) |

攻	칠 **공**(攻擊공격)
切	끊을 **절**(切斷절단)
巧	공교로울 **교**(技巧기교)

寡	적을 **과**(多寡다과)
裏	속 **리**(表裏표리)
囊	주머니 **낭**(行囊행낭)

| 壞 | 무너질 **괴**(破壞파괴) |
| 壤 | 흙 **양**(土壤토양) |

科	과정 **과**(科目과목)
料	헤아릴 **료**(料量료량)
拘	잡을 **구**(拘束구속)
抱	안을 **포**(抱擁포옹)

| 汲 | 물길을 **급**(汲水급수) |
| 吸 | 마실 **흡**(呼吸호흡) |

| 貴 | 귀할 **귀**(富貴부귀) |
| 責 | 꾸짖을 **책**(責望책망) |

| 斤 | 근 **근**(斤量근량) |
| 斥 | 무리칠 **척**(排斥배척) |

| 己 | 몸 **기**(自己자기) |
| 已 | 이미 **이**(已往이왕) |

| 瓜 | 오이 **과**(木瓜목과) |
| 爪 | 손톱 **조**(爪牙조아) |

| 肯 | 즐길 **긍**(肯定긍정) |
| 背 | 등 **배**(背信배신) |

| 棄 | 버릴 **기**(棄兒기아) |

葉 잎 엽(落葉낙엽)

代 대신할 대(代用대용)
伐 칠 벌(討伐토벌)

ㄴ

難 어려울 난(困難곤난)
離 떠날 리(離別이별)

待 기다릴 대(期待기대)
侍 모실 시(侍女시녀)

納 들일 납(納入납입)
紛 어지러울 분(紛爭분쟁)

戴 일 대(負戴부대)
載 실을 재(積載적재)

奴 종 노(奴隸노예)
如 같을 여(如一여일)

徒 걸어다닐 도(徒步도보)
徙 옮길 사(移徙이사)

ㄷ

都 도읍 도(首都수도)
部 나눌 부(部分부분)

短 짧을 단(短劍단검)
矩 법 구(矩步구보)

蹈 밟을 도(舞蹈무도)
踏 밟을 답(踏襲답습)

旦 일찍 단(元旦원단)
且 또 차(且置차치)

ㄹ

端 단정할 단(端正단정)
瑞 상서로울 서(瑞光서광)

卵 알 란(鷄卵계란)
卯 토끼 묘(卯時묘시)

貸 빌릴 대(轉貸전대)
賃 품삯 임(賃金임금)

剌 고기뛰는소리 랄(潑剌발랄)
刺 찌를 자(刺戟자극)

憐 가련할 련(憐憫연민)

隣	이웃 **린**(隣近인근)	末	끝 **말**(末路미로)
		未	아닐 **미**(未來미래)
領	거느릴 **령**(首領수령)		
頒	나눌 **반**(頒布반포)	昧	어두울 **매**(三昧삼매)
頌	칭송할 **송**(頌歌송가)	味	맛 **미**(味覺미각)
輪	바퀴 **륜**(輪廻윤회)	眠	쉴 **면**(睡眠수면)
輸	실어낼 **수**(輸出수출)	眼	눈 **안**(眼目안목)
栗	밤 **률**(栗木율목)	免	면할 **면**(免除면제)
粟	조 **속**(粟豆속두)	兎	토끼 **토**(兎皮토피)
理	다스릴 **리**(倫理윤리)	鳴	울 **명**(悲鳴비명)
埋	묻을 **매**(埋葬매장)	嗚	탄식할 **오**(嗚咽오열)

◼

		侮	업신여길 **모**(侮辱모욕)
		悔	뉘우칠 **회**(後悔후회)
漠	사막 **막**(沙漠사막)		
模	법 **모**(模範모범)	母	어미 **모**(母情모정)
		毋	말 **무**(毋論무론)
幕	장막 **막**(天幕천막)	貫	꿸 **관**(貫句관구)
墓	무덤 **묘**(墓地묘지)		
		沐	목욕할 **목**(沐浴목욕)
暮	저물 **모**(日暮일모)	休	쉴 **휴**(休息휴식)
募	모을 **모**(募集모집)		
慕	사모할 **모**(思慕사모)	戊	다섯째천간 **무**(戊時무시)
		戍	수자리 **수**(戍樓수루)

戌	개 술(甲戌年갑술년)	壁	벽 벽(土壁토벽)
		璧	둥근옥 벽(完璧완벽)
微	작을 미(微笑미소)	變	변할 변(變化변화)
徵	부를 징(徵集징집)	燮	화할 섭(燮理섭리)

ㅂ

		辨	분별할 변(辨明변명)
拍	손뼉칠 박(拍手박수)	辦	힘쓸 판(辦公費판공비)
栢	잣나무 백(冬栢동백)		
		博	넓을 박(博士박사)
薄	엷을 박(薄明박명)	傅	스승 부(師傅사부)
簿	장부 부(帳簿장부)	傳	전할 전(傳受전수)
迫	핍박할 박(逼迫핍박)	普	넓을 보(普通보통)
追	쫓을 추(追憶추억)	晉	나라 진(晋州진주)
飯	밥 반(白飯백반)	奉	받들 봉(奉養봉양)
飮	마실 음(飮料음료)	奏	아뢸 주(演奏연주)
倣	본뜰 방(模倣모방)	奮	떨칠 분(興奮흥분)
做	지을 주(看做간주)	奪	빼앗을 탈(奪取탈취)
番	차례 번(番號번호)	貧	가난할 빈(貧弱빈약)
審	살필 심(審査심사)	貪	탐할 탐(貪慾탐욕)
罰	벌줄 벌(罰金벌금)	氷	얼음 빙(解氷해빙)
罪	죄 죄(犯罪범죄)	永	길 영(永久영구)

ㅅ

- 士 선비 **사** (紳士신사)
- 土 흙 **토** (土地토지)

- 使 부릴 **사** (使用사용)
- 便 편할 **편** (簡便간편)

- 仕 벼슬 **사** (奉仕봉사)
- 任 맡길 **임** (任務임무)

- 捨 버릴 **사** (取捨취사)
- 拾 주을 **습** (拾得습득)

- 師 스승 **사** (恩師은사)
- 帥 장수 **수** (將帥장수)

- 思 생각할 **사** (思想사상)
- 惠 은혜 **혜** (恩惠은혜)
- 社 모일 **사** (會社회사)
- 祀 제사 **사** (祭祀제사)

- 査 조사할 **사** (調査조사)
- 杳 아득할 **묘** (杳然묘연)

- 雪 눈 **설** (殘雪잔설)
- 雲 구름 **운** (雲霧운무)

- 涉 건널 **섭** (干涉간섭)
- 陟 오를 **척** (三陟삼척)

- 牲 희생 **생** (犧牲희생)
- 姓 일가 **성** (姓氏성씨)

- 恕 용서할 **서** (容恕용서)
- 怒 성낼 **노** (怒氣노기)

- 棲 살 **서** (棲息서식)
- 捷 이길 **첩** (大捷대첩)

- 析 쪼갤 **석** (分析분석)
- 折 꺾을 **절** (折枝절지)

- 晳 밝을 **석** (明晳명석)
- 哲 밝을 **철** (哲學철학)

- 惜 아낄 **석** (惜別석별)
- 借 빌 **차** (借用차용)

- 宣 베풀 **선** (宣傳선전)
- 宜 마땅할 **의** (便宜편의)

- 俗 속될 **속** (俗世속세)
- 裕 넉넉할 **유** (餘裕여유)

損	덜 **손**(缺損결손)		衆	무리 **중**(衆生중생)
捐	기부 **연**(義捐金의연금)			
			粹	순수할 **수**(精粹정수)
送	보낼 **송**(放送방송)		碎	부술 **쇄**(粉碎분쇄)
迭	바꿀 **질**(更迭갱질)			
書	글 **서**(書房서방)		遂	이룩할 **수**(完遂완수)
晝	낮 **주**(晝夜주야)		逐	쫓을 **축**(驅逐구축)
畫	그림 **화**(畫家화가)			
			授	줄 **수**(授受수수)
衰	쇠할 **쇠**(衰退쇠퇴)		援	구원할 **원**(救援구원)
衷	속마음 **충**(衷心충심)			
哀	슬플 **애**(哀惜애석)		須	반드시 **수**(必須필수)
表	드러날 **표**(表現표현)		順	순할 **순**(順從순종)
旋	돌 **선**(旋律선율)		識	알 **식**(識見식견)
施	베풀 **시**(實施실시)		織	짤 **직**(織物직물)
			職	맡을 **직**(職位직위)
唆	부추길 **사**(示唆시사)			
悛	고칠 **전**(改悛개전)		膝	무릎 **슬**(膝下슬하)
			勝	이길 **승**(勝利승리)
塞	변방 **새**(要塞요새)		騰	오를 **등**(騰落등락)
寒	찰 **한**(寒食한식)			
			伸	펼 **신**(伸張신장)
撒	뿌릴 **살**(撒布살포)		仲	버금 **중**(仲秋節중추절)
徹	관철할 **철**(貫徹관철)			
			失	잃을 **실**(失敗실패)
象	코끼리 **상**(象牙상아)		矢	화살 **시**(嚆矢효시)

夭	일찍죽을 요(夭折요절)	雅	우아할 아(優雅우아)
		稚	어릴 치(幼稚유치)
深	깊을 심(夜深야심)		
探	더듬을 탐(探究탐구)	謁	아뢸 알(謁見알현)
		揭	들 게(揭示게시)
延	끌 연(延期연기)	仰	우러를 앙(信仰신앙)
廷	조정 정(朝廷조정)	抑	누를 억(抑制억제)
緣	인연 연(因緣인연)	厄	재앙 액(厄運액운)
綠	초록빛 록(草綠초록)	危	위태할 위(危險위험)
沿	좇을 연(沿革연혁)	冶	쇠불릴 야(陶冶도야)
治	다스릴 치(政治정치)	治	다스릴 치(政治정치)
鹽	소금 염(鹽田염전)	與	줄 여(授與수여)
監	볼 감(監督감독)	興	일어날 흥(興亡흥망)
營	경영할 영(經營경영)	瓦	기와 와(瓦解와해)
螢	반딧불 형(螢光형광)	互	서로 호(相互상호)
譽	명예 예(名譽명예)	浴	목욕할 욕(浴室욕실)
擧	들 거(擧事거사)	沿	좇을 연(沿革연혁)
汚	더러울 오(汚染오염)	宇	집 우(宇宙우주)
汗	땀 한(汗蒸한증)	字	글자 자(文字문자)

熊 곰 웅(熊膽웅담)
態 태도 태(世態세태)

園 동산 원(庭園정원)
圍 주위 위(周圍주위)

威 위엄 위(威力위력)
咸 다 함(咸集함집)

惟 생각할 유(思惟사유)
推 밀 추(推進추진)

幼 어릴 유(幼年유년)
幻 허깨비 환(幻想환상)

遺 남길 유(遺物유물)
遣 보낼 견(派遣파견)

玉 구슬 옥(珠玉주옥)
王 임금 왕(帝王제왕)
壬 북방 임(壬辰임진)

凝 엉길 응(凝結응결)
疑 의심할 의(疑心의심)

剩 남을 잉(剩餘잉여)
乘 탈 승(乘車승차)

ㅈ

子 아들 자(子孫자손)
孑 외로울 혈(孑孑혈혈)

姿 모양 자(姿態자태)
恣 방자할 자(放恣방자)

暫 잠시 잠(暫時잠시)
漸 점점 점(漸次점차)
慚 부끄러울 참(無慚무참)

亭 정자 정(亭子정자)
享 누릴 향(享樂향락)
亨 형통할 형(亨通형통)

杖 지팡이 장(短杖단장)
枚 낱 매(枚擧매거)

齋 방 재(書齋서재)
齊 같을 제(一齊일제)

籍 서적 적(戶籍호적)
藉 빙자할 자(憑藉빙자)

睛 눈동자 정(眼睛안정)
晴 갤 청(晴天청천)

帝 임금 **제**(帝王제왕)
常 항상 **상**(常識상식)

早 일찍 **조**(早起조기)
旱 가물 **한**(寒害한해)
照 비출 **조**(照明조명)
熙 빛날 **희**(熙笑희소)

兆 조짐 **조**(前兆전조)
北 북녘 **북**(北極북극)

潮 조수 **조**(潮流조류)
湖 호수 **호**(湖畔호반)

措 둘 **조**(措處조처)
借 빌 **차**(借款차관)

尊 높을 **존**(尊敬존경)
奠 드릴 **전**(釋奠석전)

佐 도울 **좌**(補佐보좌)
佑 도울 **우**(天佑천우)

汁 진액 **즙**(果實汁과실즙)
什 열사람 **십**(什長십장)

ㅊ

捉 잡을 **착**(捕捉포착)
促 재촉할 **촉**(督促독촉)

責 꾸짖을 **책**(責望책망)
靑 푸를 **청**(靑史청사)

悤 바쁠 **총**(悤悤총총)
忽 소홀히할 **홀**(疏忽소홀)

追 따를 **추**(追究추구)
退 물러갈 **퇴**(退進퇴진)

推 밀 **추**(推薦추천)
堆 쌓을 **퇴**(堆肥퇴비)
椎 쇠몽둥이 **추**(椎骨추골)

蓄 쌓을 **축**(貯蓄저축)
畜 기를 **축**(家畜가축)
充 가득할 **충**(充滿충만)
允 허락할 **윤**(允許윤허)

衝 부딪칠 **충**(衝突충돌)
衡 저울 **형**(均衡균형)

萃 모을 **췌**(拔萃발췌)

卒	군사 **졸**(卒兵졸병)	爆	터질 **폭**(爆發폭발)
		瀑	폭포 **폭**(瀑布폭포)

ㅊ

側	곁 **측**(側近측근)
測	헤아릴 **측**(測量측량)
惻	슬퍼할 **측**(惻隱측은)

ㅎ

恨	한탄할 **한**(怨恨원한)
限	한정할 **한**(限界한계)
肛	똥구멍 **항**(肛門항문)
肝	간 **간**(肝腸간장)

飭	삼갈 **칙**(勤飭근칙)
飾	꾸밀 **식**(裝飾장식)

浸	적실 **침**(浸透침투)
沈	빠질 **침**(沈默침묵)
沒	빠질 **몰**(沒入몰입)

幸	다행할 **행**(幸福행복)
辛	매울 **신**(辛辣신날)

護	보호할 **호**(保護보호)
穫	거둘 **확**(收穫수확)
獲	얻을 **획**(獲得획득)

ㅌ

坦	평평할 **탄**(平坦편탄)
但	다만 **단**(但只단지)

會	모을 **회**(會談회담)
曾	일찍 **증**(曾祖증조)

湯	끓일 **탕**(湯藥탕약)
渴	목마를 **갈**(渴症갈증)

悔	뉘우칠 **회**(悔改회개)
梅	매화나무 **매**(梅花매화)

ㅍ

弊	폐단 **폐**(弊端폐단)
幣	비단 **폐**(幣帛폐백)
蔽	가릴 **폐**(隱蔽은폐)

吸	마실 **흡**(呼吸호흡)
吹	불 **취**(鼓吹고취)
次	버금 **차**(次席차석)

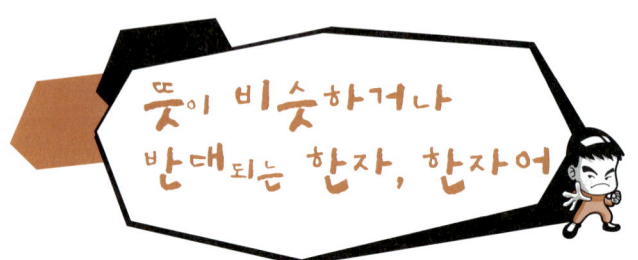

1. 뜻이 비슷한 한자, 한자어

覺(각)-悟(오)　　淸(청)-淨(정)　　饑(기)-饉(근)

中(중)-央(앙)　　恭(공)-敬(경)　　皇(황)-帝(제)

間(간)-隔(격)　　層(층)-階(계)　　飢(기)-餓(아)

倉(창)-庫(고)　　恐(공)-怖(포)　　敦(돈)-篤(독)

康(강)-健(건)　　捕(포)-獲(획)　　勉(면)-勵(려)

菜(채)-蔬(소)　　貢(공)-獻(헌)　　滅(멸)-亡(망)

牽(견)-引(인)　　畢(필)-竟(경)　　茂(무)-盛(성)

尺(척)-度(도)　　貫(관)-徹(철)　　返(반)-還(환)

揭(게)-揚(양)　　恒(항)-常(상)　　附(부)-屬(속)

淸(청)-潔(결)　　貫(관)-通(통)　　扶(부)-助(조)

顧(고)-傭(용)　　和(화)-睦(목)　　墳(분)-墓(묘)

釋(석)-放(방)　　英(영)-特(특)　　慈(자)-愛(애)
洗(세)-濯(탁)　　憂(우)-愁(수)　　淨(정)-潔(결)
尋(심)-訪(방)　　怨(원)-恨(한)　　終(종)-了(료)
哀(애)-悼(도)　　隆(융)-盛(성)　　俊(준)-傑(걸)
連(연)-繫(계)　　隆(융)-昌(창)　　俊(준)-秀(수)
連(연)-絡(락)　　仁(인)-慈(자)

共鳴(공명)-首肯(수긍)　　領土(영토)-版圖(판도)
飢死(기사)-餓死(아사)　　五列(오열)-間諜(간첩)
交涉(교섭)-折衝(절충)　　威脅(위협)-脅迫(협박)
驅迫(구박)-虐待(학대)　　一毫(일호)-秋毫(추호)
背恩(배은)-亡德(망덕)　　蒼空(창공)-碧空(벽공)
寺院(사원)-寺刹(사찰)　　天地(천지)-乾坤(건곤)
書簡(서간)-書翰(서한)　　滯留(체류)-滯在(체재)
俗世(속세)-塵世(진세)　　招待(초대)-招請(초청)
視野(시야)-眼界(안계)　　寸土(촌토)-尺土(척토)
始祖(시조)-鼻祖(비조)　　漂泊(표박)-流離(유리)

2. 뜻이 반대인 한자, 한자어

干(방패 간)↔戈(창 과)　　乾(마를 건)↔濕(습할 습)
乾(하늘 건)↔坤(땅 곤)　　慶(경사 경)↔弔(조상할 조)

經(날 경)↔緯(씨 위)
姑(시어미 고)↔婦(아내 부)
勤(부지런할 근)↔怠(게으를 태)
濃(짙을 농)↔淡(옅을 담)
旦(아침 단)↔夕(저녁 석)
貸(빌릴 대)↔借(빌 차)
矛(창 모)↔盾(방패 순)
美(아름다울 미)↔醜(추할 추)
腹(배 복)↔背(등 배)
夫(지아비 부)↔妻(아내 처)
浮(뜰 부)↔沈(가라앉을 침)
盛(성할 성)↔衰(쇠할 쇠)
疎(드물 소)↔密(빽빽할 밀)
首(머리 수)↔尾(꼬리 미)
需(쓸 수)↔給(줄 급)
昇(오를 승)↔降(내릴 강)
紳(펼 신)↔縮(줄일 축)
深(깊을 심)↔淺(얕을 천)
安(편안할 안)↔危(위태로울 위)
愛(사랑 애)↔憎(미워할 증)
哀(슬플 애)↔歡(기쁠 환)

抑(누를 억)↔揚(드날릴 양)
榮(영화 영)↔辱(욕될 욕)
緩(느릴 완)↔急(급할 급)
優(넉넉할 우)↔劣(못할 렬)
隱(숨을 은)↔見(드러날 현)
任(맡길 임)↔免(면할 면)
雌(암컷 자)↔雄(수컷 웅)
長(어른 장)↔幼(어릴 유)
田(밭 전)↔畓(논 답)
早(이를 조)↔晩(늦을 만)
尊(높을 존)↔卑(낮을 비)
存(있을 존)↔亡(없을 망)
縱(세로 종)↔橫(가로 횡)
衆(무리 중)↔寡(적을 과)
眞(참 진)↔僞(거짓 위)
贊(도울 찬)↔反(반대할 반)
添(더할 첨)↔削(깎을 삭)
晴(갤 청)↔雨(비 우)
出(날 출)↔沒(빠질 몰)
親(친할 친)↔疎(성글 소)
表(겉 표)↔裏(속 리)

彼(저 피)↔此(이 차)
賢(어질 현)↔愚(어리석을 우)
好(좋을 호)↔惡(미워할 오)
禍(재앙 화)↔福(복 복)
厚(두터울 후)↔薄(엷을 박)
可決(가결)↔否決(부결)
架空(가공)↔實在(실재)
加熱(가열)↔冷却(냉각)
却下(각하)↔受理(수리)
剛健(강건)↔柔弱(유약)
强硬(강경)↔柔和(유화)
開放(개방)↔閉鎖(폐쇄)
感情(감정)↔理性(이성)
個別(개별)↔全體(전체)
客觀(객관)↔主觀(주관)
客體(객체)↔主體(주체)
巨大(거대)↔微小(미소)
巨富(거부)↔極貧(극빈)
拒絕(거절)↔承諾(승낙)
建設(건설)↔破壞(파괴)
乾燥(건조)↔濕潤(습윤)

傑作(걸작)↔拙作(졸작)
儉約(검약)↔浪費(낭비)
輕減(경감)↔加重(가중)
經度(경도)↔緯度(위도)
輕率(경솔)↔愼重(신중)
輕視(경시)↔重視(중시)
高雅(고아)↔卑俗(비속)
固定(고정)↔流動(유동)
高調(고조)↔低調(저조)
供給(공급)↔需要(수요)
空想(공상)↔現實(현실)
過激(과격)↔穩健(온건)
官尊(관존)↔民卑(민비)
光明(광명)↔暗黑(암흑)
巧妙(교묘)↔拙劣(졸렬)
拘禁(구금)↔釋放(석방)
拘束(구속)↔放免(방면)
求心(구심)↔遠心(원심)
君子(군자)↔小人(소인)
屈服(굴복)↔抵抗(저항)
權利(권리)↔義務(의무)

僅少(근소) ↔ 過多(과다)
急性(급성) ↔ 慢性(만성)
急行(급행) ↔ 緩行(완행)
肯定(긍정) ↔ 否定(부정)
旣決(기결) ↔ 未決(미결)
奇拔(기발) ↔ 平凡(평범)
奇數(기수) ↔ 偶數(우수)
飢餓(기아) ↔ 飽食(포식)
緊密(긴밀) ↔ 疏遠(소원)
吉兆(길조) ↔ 凶兆(흉조)
樂觀(낙관) ↔ 悲觀(비관)
落第(낙제) ↔ 及第(급제)
樂天(낙천) ↔ 厭世(염세)
暖流(난류) ↔ 寒流(한류)
濫讀(남독) ↔ 精讀(정독)
濫用(남용) ↔ 節約(절약)
朗讀(낭독) ↔ 默讀(묵독)
內容(내용) ↔ 形式(형식)
老練(노련) ↔ 未熟(미숙)
濃厚(농후) ↔ 稀薄(희박)
能動(능동) ↔ 被動(피동)

多元(다원) ↔ 一元(일원)
單純(단순) ↔ 複雜(복잡)
單式(단식) ↔ 複式(복식)
短縮(단축) ↔ 延長(연장)
大乘(대승) ↔ 小乘(소승)
對話(대화) ↔ 獨白(독백)
都心(도심) ↔ 郊外(교외)
獨創(독창) ↔ 模倣(모방)
動機(동기) ↔ 結果(결과)
登場(등장) ↔ 退場(퇴장)
漠然(막연) ↔ 確然(확연)
忘却(망각) ↔ 記憶(기억)
滅亡(멸망) ↔ 隆興(융흥)
埋沒(매몰) ↔ 發掘(발굴)
名譽(명예) ↔ 恥辱(치욕)
無能(무능) ↔ 有能(유능)
物質(물질) ↔ 精神(정신)
微官(미관) ↔ 顯官(현관)
敏速(민속) ↔ 遲鈍(지둔)
密集(밀집) ↔ 散在(산재)
反抗(반항) ↔ 服從(복종)

放心(방심) ↔ 操心(조심)
背恩(배은) ↔ 報恩(보은)
白髮(백발) ↔ 紅顏(홍안)
凡人(범인) ↔ 超人(초인)
別居(별거) ↔ 同居(동거)
保守(보수) ↔ 進步(진보)
本業(본업) ↔ 副業(부업)
富貴(부귀) ↔ 貧賤(빈천)
富裕(부유) ↔ 貧窮(빈궁)
否認(부인) ↔ 是認(시인)
分析(분석) ↔ 綜合(종합)
分爭(분쟁) ↔ 和解(화해)
不運(불운) ↔ 幸運(행운)
非番(비번) ↔ 當番(당번)
非凡(비범) ↔ 平凡(평범)
悲哀(비애) ↔ 歡喜(환희)
死後(사후) ↔ 生前(생전)
削減(삭감) ↔ 添加(첨가)
散文(산문) ↔ 韻文(운문)
喪失(상실) ↔ 獲得(획득)
詳述(상술) ↔ 略述(약술)

生家(생가) ↔ 養家(양가)
生食(생식) ↔ 火食(화식)
先天(선천) ↔ 後天(후천)
成熟(성숙) ↔ 未熟(미숙)
消極(소극) ↔ 積極(적극)
所得(소득) ↔ 損失(손실)
疎遠(소원) ↔ 親近(친근)
淑女(숙녀) ↔ 紳士(신사)
順行(순행) ↔ 逆行(역행)
靈魂(영혼) ↔ 肉體(육체)
憂鬱(우울) ↔ 明朗(명랑)
連敗(연패) ↔ 連勝(연승)
偶然(우연) ↔ 必然(필연)
恩惠(은혜) ↔ 怨恨(원한)
依他(의타) ↔ 自立(자립)
異端(이단) ↔ 正統(정통)
人爲(인위) ↔ 自然(자연)
立體(입체) ↔ 平面(평면)
自動(자동) ↔ 手動(수동)
自律(자율) ↔ 他律(타율)
自意(자의) ↔ 他意(타의)

低俗(저속) ↔ 高尙(고상)
敵對(적대) ↔ 友好(우호)
絕對(절대) ↔ 相對(상대)
漸進(점진) ↔ 急進(급진)
整肅(정숙) ↔ 騷亂(소란)
正午(정오) ↔ 子正(자정)
定着(정착) ↔ 漂流(표류)
弔客(조객) ↔ 賀客(하객)
直系(직계) ↔ 傍系(방계)
眞實(진실) ↔ 虛僞(허위)
質疑(질의) ↔ 應答(응답)
斬新(참신) ↔ 陳腐(진부)
淺學(천학) ↔ 碩學(석학)

縮小(축소) ↔ 擴大(확대)
快樂(쾌락) ↔ 苦痛(고통)
快勝(쾌승) ↔ 慘敗(참패)
好況(호황) ↔ 不況(불황)
退化(퇴화) ↔ 進化(진화)
敗北(패배) ↔ 勝利(승리)
虐待(학대) ↔ 優待(우대)
合法(합법) ↔ 違法(위법)
好材(호재) ↔ 惡材(악재)
好轉(호전) ↔ 逆轉(역전)
興奮(흥분) ↔ 安靜(안정)
興奮(흥분) ↔ 鎭靜(진정)

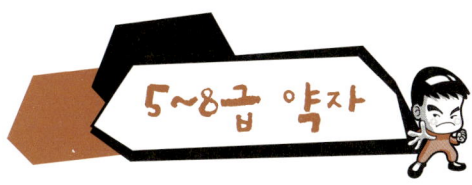

5~8급 약자

價(값 가) → 価
輕(가벼울 경) → 軽
觀(볼 관) → 観
舊(예 구) → 旧
國(나라 국) → 国
團(둥글 단) → 団
對(대할 대) → 対
讀(읽을 독) → 読
來(올 래) → 来
勞(일할 로) → 労

擧(들 거) → 挙
關(관계할 관) → 関
廣(넓을 광) → 広
區(구분할 구) → 区
氣(기운 기) → 気
當(마땅 당) → 当
圖(그림 도) → 図
樂(즐길 락/노래 악/좋아할 요) → 楽
禮(예도 례) → 礼
萬(일만 만) → 万

賣(팔 매) → 売
發(필 발) → 発
寫(베낄 사) → 写
實(열매 실) → 実
惡(악할 악/미워할 오) → 悪
爭(다툴 쟁) → 争
戰(싸울 전) → 戦
參(참여할 참) → 参
體(몸 체) → 体
號(이름 호) → 号
會(모일 회) → 会

無(없을 무) → 无
變(변할 변) → 変
數(셀 수) → 数
兒(아이 아) → 児
醫(의원 의) → 医
傳(전할 전) → 伝
卒(마칠 졸) → 卆
鐵(쇠 철) → 鉄
學(배울 학) → 学
畫(그림 화/그을 획) → 画

사자성어

ㄱ

가가호호(家家戶戶) 집집마다.

가농성진(假弄成眞) 처음에 장난삼아 한 일이 나중에 정말이 됨. 농가성진(弄假成眞)

가담항설(街談巷說) 길거리에 떠도는 소문. 가담항어(街談巷語)

가렴주구(苛斂誅求) 세금 같은 것을 가혹하게 받아 국민을 못 살게 구는 일.

가인박명(佳人薄命) 여자의 용모가 아름다우면 운명이 기박하다는 말.

각고면려(刻苦勉勵) 심신의 고생을 이겨내면서 오직 한 가지 일에만 노력을 기울임.

각골난망(刻骨難忘) 은혜를 고맙게 여기는 마음이 뼛속까지 사무쳐 잊혀지지 아니함. 白骨難忘(백골난망), 결초보은(結草報恩), 각골명심(刻骨銘心)

각골통한(刻骨痛恨) 뼈에 사무치게 마음 속 깊이 맺힌 원한. 각골지통(刻骨之痛)

각자무치(角者無齒) 뿔이 있는 자는 이가 없다는 뜻으로 한 사람이 모든 복이나 재주를 겸할 수가 없다는 뜻.

각자도생(各自圖生) 제각기 살아 나갈 길을 꾀함.

각주구검(刻舟求劍) 지나치게 고지식하여 경우에 맞지 않는 일을 한다는 뜻.

간난신고(艱難辛苦) (갖은 고초를 겪어) 몹시 힘들고 괴로움.

간뇌도지(肝腦塗地) 몸의 간과 머리의 뇌가 흙에 범벅이 되었다는 말로, 여지없이 패하였다는 뜻.

간담상조(肝膽相照) 서로의 마음을 터놓고 격의 없이 지내는 사이라는 뜻.

간세지재(間世之材) 나라를 지킬만한 썩 뛰어난 인물

갈이천정(渴而穿井) 목이 말라서야 우물을 판다.(일을 미리 준비하여 두지 않고 임박하여 급히 하면 이미 때가 늦는다.) 臨渴掘井(임갈굴정)

감언이설(甘言利說) 남의 비위에 들도록 꾸미거나 이로운 조건을 내세워서 속이는 말.

감정선갈(甘井先渴) 맛이 좋은 우물물은 길어가는 사람이 많으므로 빨리 마른다는 뜻. 재능이 있는 사람이 빨리 쇠약해진다는 말.

감지덕지(感之德之) 몹시 고맙게 여김.

감탄고토(甘呑苦吐) 달면 삼키고 쓰면 뱉는다는 말로, 이로울 때는 이용하고 필요 없을 때는 괄시하는 것을 말함.

갑남을녀(甲男乙女) 보통 평범한 남녀. 張三李四(장삼이사), 善男善女(선남선녀), 樵童汲婦(초동급부), 匹夫匹婦(필부필부)

갑론을박(甲論乙駁) 자기의 주장을 세우고 남의 주장을 반박함.

강개무량(慷慨無量) 한탄하고 분개함이 끝이 없음.

강구연월(康衢煙月) 태평한 시대의 평화로운 풍경.

귤화위지(橘化爲枳) 강남에 심은 귤을 강북에 심으면 탱자가 된다.

강노지말(强弩之末) 힘차게 나간 화살도 마지막에는 힘이 떨어지듯이, 아무리 강한 힘도 결국 쇠퇴하고 만다는 뜻.

강상죄인(綱常罪人) 삼강(三綱) 오상(五常)을 거역한 죄. 오상: 아버지는 의리로, 어머니는 자애로, 아우는 공경으로, 자식은 효도로 각각 대하여야 마땅한 길. 또는 오륜(五倫)을 뜻함.

개과천선(改過遷善) 지나간 허물을 고치고 착하게 됨.

개관사정(蓋棺事定) 죽은 뒤에야 사람의 참다운 평가가 내려진다는 말.

개선광정(改善匡正) 좋도록 고치고 바로잡음. 개과천선(改過遷善)

객창한등(客窓寒燈) 외로운 나그네의 신세.

거두절미(去頭截尾) 앞뒤의 잔 사설을 빼놓고 요점만을 말함.

거세개탁(擧世皆濁) 온 세상이 다 흐림. 곧, 지위의 고하를 막론하고 모든 사람이 다 바르지 않음.

거안사위(居安思危) 편안히 살 때 닥쳐올 위태로움을 생각함.

거안제미(擧案齊眉) 밥상을 눈 위까지 들어올린다. 아내가 남편을 지극히 공경함을 뜻함.

거자일소(去者日疎) 죽은 사람에 대해서는 날이 갈수록 점점 잊어버리게 된다는 뜻. 서로 떨어져 있으면 점점 사이가 멀어짐.

거재두량(車載斗量) 차에 싣고 말에 실을 만큼 물건이나 인재가 썩 많음.

건곤일척(乾坤一擲) 흥망 성패를 걸고 단판 싸움을 함.

격물치지(格物致知) ① 대학의 교과인 예악사어서수의 육예(六藝)를 수득하는 것이 지식을 명확히 함.

② 사물의 이치를 구명(궁구)하여 자기의 지식을 확고하게 함. 주자학.

③ 양명학의 용어로 의지가 존재하는 바 사물에 의해서 부정을 바로 잡고 양지(良知)를 닦음.

격세지감(隔世之感) 딴 세대와 같이 많은 변화가 있었음을 비유하는 말. (세대 차이)

격화소양(隔靴搔痒) 신을 신은 채 가려운 발바닥을 긁음. 일의 효과를 나타내지 못함.

견강부회(牽强附會) 이치에 맞지 않는 말을 억지로 끌어 붙여 자기 주장의 조건에 맞도록 함.

견금여석(見金如石) 큰 뜻을 이루기 위해서는 개인의 부귀영화를 생각하지 말아야 한다. 황금 보기를 돌같이 하라.

견리사의(見利思義) 눈앞에 이익이 보일 때, 의리를 생각함. 견리망의(見利忘義)

견마지성(犬馬之誠)　임금이나 나라에 정성으로 바치는 정성. 또는 자기의 정성을 낮추어 일컫는 말. 견마지로(犬馬之勞), 견마지심(犬馬之心)

견문발검(見蚊拔劍)　하찮은 일에 너무 크게 허둥지둥 덤벼든다.

견물생심(見物生心)　물건을 보면 욕심이 생김.

견리사의(見利思義)　이익이 있을지라도 옳은 것인가를 생각하고 취하라.

견여금석(堅如金石)　굳기가 금이나 돌 같음.

견원지간(犬猿之間)　개와 원숭이 사이로 사이가 몹시 나쁨.

견위수명(見危授命)　나라가 위급할 때 목숨을 바침. 견위치명(見危致命)

견토지쟁(犬兎之爭)　개와 토끼가 쫓고 쫓기다가 둘이 다 지쳐 죽어 제삼자가 이익을 본다는 뜻. 漁父之利(어부지리), 방휼지쟁(蚌鷸之爭)

결의형제(結義兄弟)　남남끼리 형과 아우의 의를 맺음.

결자해지(結者解之)　자기가 저지른 일은 자기가 해결해야 함.

결초보은(結草報恩)　죽어 혼령이 되어서라도 은혜를 잊지 않고 갚음.

겸양지덕(謙讓之德)　겸손한 태도와 사양하는 덕.

경거망동(輕擧妄動)　경솔하고 분수에 없는 행동을 함.

경국지색(傾國之色)　온 나라를 움직이게 하는 미인. 뛰어나게 아름다운 미인을 일컫는 말.

경국지재(經國之才)　나라를 다스릴 만한 재주를 가진 사람.

경당문노(耕當問奴) 농사일은 머슴에게 물어야 한다는 뜻.(일은 항상 그 부분의 전문가와 상의하여 행하여야 한다는 뜻.)

경세제민(經世濟民) 세상을 잘 다스려 백성을 다스리기에 열심히 함. 구세제민(救世濟民)

경이원지(敬而遠之) 겉으로는 공경하는 체하면서 속으로는 멀리함. 경원(敬遠)

경자유전(耕者有田) 경작자가 밭을 소유한다는 뜻.

경전하사(鯨戰蝦死) 고래 싸움에 새우 등 터진다는 뜻.

경천동지(驚天動地) 세상을 몹시 놀라게 함.

계란유골(鷄卵有骨) 달걀 속에도 뼈가 있다.(곯았다.) 뜻밖의 장애물이 생김을 이르는 말.

계명구도(鷄鳴狗盜) 닭 울음과 개 흉내를 내는 도둑. 행세하는 사람이 배워서는 아니 될 천한 기능을 가진 사람.

계포일락(季布一諾) 계포가 한 번 승낙함. 한 번 약속을 하면 반드시 지킨다는 것.

고고지성(呱呱之聲) 아기가 세상에 처음 나오면서 내는 울음소리.

고굉지신(股肱之臣) 임금이 가장 믿고 중히 여기는 신하.

고군분투(孤軍奮鬪) 남의 도움을 받지 아니하고 힘에 벅찬 일을 잘 해냄.

고대광실(高臺廣室) 규모가 굉장히 크고 좋은 집. ↔ 수간모옥(數間茅屋), 일간두옥(一間斗屋), 초려삼간(草廬三間)}

고두사죄(叩頭謝罪) 머리를 조아려 사죄함.

고량진미(膏粱珍味) 살찐 고기와 좋은 곡식으로 만든 맛있는 음식. 진수성찬(珍羞盛饌)

고립무원(孤立無援) 고립되어 구원을 받을 데가 없음, 진퇴유곡(進退維谷)

고목발영(枯木發榮) 고목에서 꽃이 핀다는 말로, 죽은 사람이 다시 살아남을 뜻함.

고목생화(枯木生花) 곤궁한 사람이 크게 행운을 얻은 것을 말함.

고복격양(鼓腹擊壤) 태평세월임을 표현한 말. 배를 두드리면서 땅을 침. 강구연월(康衢煙月)

고성낙일(孤城落日) 외로운 성에서 지는 해를 봄. 남의 도움이 없이 고립된 상태.

고색창연(古色蒼然) 오래되어 옛날의 풍치가 저절로 드러나 보이는 모양.

고식지계(姑息之計) 당장의 편안함만을 꾀하는 일시적인 방편. 彌縫策(미봉책), 臨機應變(임기응변)

고신원루(孤臣冤淚) 외로운 신하의 원통한 눈물.

고육지계(苦肉之計) 적을 속이기 위해, 자신의 희생을 무릅쓰고 꾸미는 계책.

고장난명(孤掌難鳴) 손바닥 하나로는 소리가 나지 않는다는 뜻으로 혼자 힘으로 일하기 어렵다는 말.

고주일배(苦酒一杯) 쓴 술 한 잔이라는 뜻으로 대접하는 술을 겸손하게 이르는 말.

고진감래(苦盡甘來) 괴로움이 다하면 즐거움이 온다. ↔ 興盡悲來(흥진비래)

고침단금(孤枕單衾) 외로운 베개와 홑이불. 곧, 주로 젊은 여자가 '홀로 쓸쓸하게 자는 것'을 이르는 말.

고침이와(高枕而臥) 베개를 높이하고 잠. 마음 편안히 잠잘 수 있음. 고침안면(高枕安眠)

곡학아세(曲學阿世) ① 자기가 배운 것을 올바로 펴볼 생각은 않고, 자기 배운 것을 굽혀 가면서 세상의 비위를 맞추어 출세를 하려는 그런 태도나 행동을 말함.
② 진리에 벗어난 학문을 닦아 세상 사람들에게 아부함.

골육상잔(骨肉相殘) 같은 혈족끼리 서로 다투고 해하는 것, 골육상쟁(骨肉相爭)

골육지친(骨肉之親) ① 뼈와 살. ② 부자, 형제 등의 육친.
③ 혈통이 같은 것.

공경대부(公卿大夫) 삼공과 구경 등 벼슬이 높은 사람들.

공명정대(公明正大) 마음이 공명하며, 조금도 사사로움이 없이 바름.

공불승사(公不勝私) 공(公)은 사(私)를 이기지 못함이니, 공사(公事)에도 사정(事情)이 끼게 된다는 뜻.

공산명월(空山明月) 사람 없는 산에 외로이 비치는 밝은 달.

공전절후(空前絶後) 비교할 만한 것이 이전이나 이후에도 없을 것으로 생각됨, 전무후무(前無後無). 곧 비할 데가 없이 훌륭함.

공중누각(空中樓閣) 근거 없는 가공의 사물. 진실성과 현실성이 없는 일이나 생각. 사상누각(砂上樓閣)

공평무사(公平無私) 공평하여 사사로움이 없음.

공휴일궤(功虧一簣) 이제 조금만 더 계속하면 목적을 달성할 수 있는데까지 와서, 그만 중단했기 때문에 지금까지 애쓴 것이 모두 허사가 되고 만 것을 뜻함.

과대망상(誇大妄想) 턱없이 과장하여 그것을 믿는 망령된 생각.

과물탄개(過勿憚改) 잘못을 깨닫거든 고치기를 꺼려하지 말라.

과유불급(過猶不及) 정도를 지나침은 미치지 못한 것과 같음, 과여불급(過如不及)

관포지교(管鮑之交) 옛날 중국의 관중(管仲)과 포숙(鮑叔)처럼 친구 사이의 우정이 깊음을 이르는 말. 문경지교(刎頸之交), 금란지교(金蘭之交), 백아절현(伯牙絕鉉)

괄목상대(刮目相對) 눈을 비비고 자세히 본다는 뜻으로, 상대방의 학문이 부쩍 는 것을 칭찬하는 말.

광명정대(光明正大) 언행이 떳떳하고 정당함.

광제창생(廣濟蒼生) 널리 백성을 구제함.

광풍제월(光風霽月) 갠 날의 빛나는 바람, 비 개인 하늘의 상쾌한 달. 깨끗하고 가슴 속이 맑고 고결한 인품이나 그런 사람을 가리킴.

교각살우(矯角殺牛) 뿔을 고치려다 소를 죽인다. 작은 일에 힘쓰다 큰 일을 망친다는 말.

교교월색(皎皎月色) 매우 희고 맑은 달빛, 휘영청 밝은 달빛.

교언영색(巧言令色) 교묘한 말과 얼굴빛으로 남의 환심을 사려함.

교외별전(敎外別傳) 마음에서 마음으로 전함. 이심전심(以心傳心), 불립문자(不立文字), 심심상인(心心相印)

교우이신(交友以信) 믿음으로써 벗을 사귐.

교주고슬(膠柱鼓瑟) 거문고 기둥을 풀로 붙여 놓고 거문고를 탄다. 고지식하여 융통성이 없음.

교칠지교(膠漆之交) ① 아교와 칠의 사귐이니 퍽 사이가 친하고 두터움. ② 부부의 정. 교칠지심(膠漆之心)

교토삼굴(狡兎三窟) 슬기 있는 토끼는 도망갈 구멍을 셋을 파 놓는다는 뜻으로, 사람도 앞으로 전진만 하지 말고 갑작스런 난관에 대처해 뒤를 준비하는 것이 현명하다.

교학상장(敎學相長) 가르쳐주거나 배우거나 다 나의 학업을 증진시킨다는 뜻.

구곡간장(九曲肝腸) 굽이굽이 사무친 마음속, 또는 시름이 쌓이고 쌓인 마음.

구국간성(救國干城) 나라를 구하여 지키는 믿음직한 군인이나 인물.

구명도생(苟命徒生) 구차스럽게 목숨만 이어나감.

구미속초(狗尾續貂) 담비의 꼬리가 모자라 개의 꼬리로 잇는다는 뜻으로, 훌륭한 것 뒤에 보잘것없는 것이 잇따름.

구밀복검(口蜜腹劍) 말은 정답게 하지만 속으로는 해칠 생각이 있음. 안종복배(顔從腹背)

구사일생(九死一生) 죽을 고비를 벗어나 겨우 살아남.

구상유취(口尙乳臭) 아직 어리고 유치한 짓을 하는 사람.

구세제민(救世濟民) 어지러운 세상을 바로잡고 고통 받는 민중을 구제함.

구수회의(鳩首會議) 여럿이 한 자리에 모여 앉아 머리를 맞대고 의논함. 구수응의(鳩首凝議)

구시심비(口是心非) 말로는 옳다 하면서 속으로는 비난함.(겉과 속마음이 다르다는 말.)

구십춘광(九十春光) ① 노인의 마음이 청년같이 젊음을 이름.
② 봄의 석 달 구십 일 동안.

구우일모(九牛一毛) 많은 것 가운데서 극히 적은 것을 말함. 창해일속(滄海一粟)

구절양장(九折羊腸) ① 양의 창자처럼 험하고 꼬불꼬불한 산길.
② 길이 매우 험함.

구중궁궐(九重宮闕) 문이 겹겹이 이어진 깊은 궁궐이라는 뜻. 임금이 있는 대궐 안. 구중심처(九重深處)

구한감우(久旱甘雨) 오랜 가뭄 끝에 내리는 단비.

구화지문(口禍之門) 입은 재앙의 문. 입이 재앙을 불러들이는 문이 된다는 뜻.

구화투신(救火投薪) 불을 끈다고 장작을 던진다 함이니 근본을 다스리고자 아니하고 급하게 행동하다가 일을 더욱 악화시킴을 비유한 말.

국사무쌍(國士無雙) 한 나라에 둘이 없는 인물. 둘도 없는 뛰어난 인물을 가리킴.

군계일학(群鷄一鶴) 평범한 사람 가운데 아주 뛰어난 한 사람.

군령태산(軍令泰山) 군대의 명령은 태산같이 무거움.

군맹무상(群盲撫象) 여러 맹인이 코끼리를 더듬는다. 즉 자기의 좁은 소견과 주관으로 사물을 그릇 판단함. 군맹평상(群盲評象)

군신유의(君臣有義) 임금과 신하 사이에는 의리가 있다.

군웅할거(群雄割據) 많은 영웅들이 각지에 자리 잡고 서로 세력을 다툼.

군위신강(君爲綱綱) 신하는 임금을 섬기는 것이 근본이다.

군자삼락(君子三樂) 군자의 3가지 낙으로 첫째, 부모가 생존(生存)하고 형제가 무고한 것. 둘째, 하늘과 사람에게 부끄러워할 것이 없는 것. 셋째, 천하의 영재를 얻어서 교육하는 것을 말함.

궁서설묘(窮鼠齧猫) 쥐가 궁지에 몰리면 고양이를 문다는 말. (사경에 이르면 아무리 약한 자라도 강적에게 겁 없이 덤빈다는 뜻.)

궁여지책(窮餘之策) 막다른 골목에서 그 국면을 타개하려고 생각다 못해 짜낸 꾀.

궁조입회(窮鳥入懷) 쫓긴 새가 품안에 날아든다는 뜻으로, 사람이 궁할 때에는 적에게도 의지한다는 말.

권모술수(權謀術數) 목적 달성을 위해서는 인정이나 도덕을 가리지 않고 권세와 모략중상 등 갖은 방법과 수단을 쓰는 술책.

권불십년(權不十年) 권세는 십 년을 넘기지 못함. 곧, 권력이나 세도가 오래 가지 못하고 늘 변함을 이르는 말.

권선징악(勸善懲惡) 착한 행실을 권장하고 악한 행실을 징계함.

권토중래(捲土重來) ① 한 번 실패에 굴하지 않고 몇 번이고 다시 일어남. ② 세력을 되찾아 다시 쳐들어옴.

권불십년(權不十年) 권세는 오래 가지 못한다.

귀마방우(歸馬放牛) 말과 소를 놓아주고 부리지 않는다는 것이니, 전쟁이 끝나고 평화로운 시절이 된 것을 이르는 말.

귀모토각(龜毛兎角) 거북의 털과 토끼의 뿔이라는 뜻으로, 될 수 없는 일을 턱없이 구함을 비유하는 말.

극구광음(隙駒光陰) 흘러가는 세월의 빠름이 달려가는 말을 문틈으로 보는 것과 같다는 말이니, 인생의 덧없고 짧음을 이르는 말. 빠른 세월.

극기복례(克己復禮) 자기의 욕망과의 싸움에서 이기고 예로 돌아가는 것이 인(仁)이라는 것.

근묵자흑(近墨者黑) 먹을 가까이 하면 검어진다는 말로, 나쁜 친구와 사귀면 나빠지기 쉬움. 근주자적(近朱者赤)

금곤복차(禽困覆車) 새가 괴로우면 수레를 뒤엎는다는 말이니, 약자도 살기 위하여 기를 쓰면 큰 힘을 낼 수 있다는 뜻.

금과옥조(金科玉條) 금이나 옥같이 귀중한 법칙이나 규정.

금란지계(金蘭之契) 친구 사이의 우의가 두터움.

금상첨화(錦上添花) 좋고 아름다운 것 위에 더 좋은 것을 더함. ↔ 설상가상(雪上加霜)

금석맹약(金石盟約) 쇠와 돌같이 굳게 맹세해 맺은 약속. 금석지교(金石之交), 금석뇌약(金石牢約), 금석상약(金石相約), 금석지약(金石之約)

금성탕지(金城湯池) 매우 튼튼하고 잘 된 성지. 금성철벽(金城鐵壁)

금슬지락(琴瑟之樂) 부부 사이가 좋은 것, 금슬상화(琴瑟相和)

금시초문(今時初聞) 이제야 비로소 처음 들음.

금의야행(錦衣夜行) 비단 옷을 입고 밤에 다닌다. 성공은 했지만 아무런 효과를 내지 못하는 것.

금의환향(錦衣還鄕) 비단 옷을 입고 고향으로 돌아옴. 즉 타향에서 크게 성공하여 자기 집으로 돌아감.

금지옥엽(金枝玉葉) 임금의 자손이나 집안 또는 귀여운 자손을 소중히 일컫는 말.

금석지감(今昔之感) 지금과 옛것이 차이가 크다고 느끼는 감회.

금시초문(今時初聞) 이제야 처음으로 들음.

급전직하(急轉直下) ① 사태의 변화가 걷잡을 수 없이 급격함.
　　　　　　　　 ② 갑자기 사태가 바뀌어 결말이나 해결에 가까워짐.

기고만장(氣高萬丈) 기운이 굉장히 뻗치었다. 일이 뜻대로 되어 씩씩한 기운이 대단하게 뻗침.

기리단금(其利斷金) 날카롭기가 쇠를 자를 정도임. 절친한 친구 사이.

기사회생(起死回生) 다 죽게 되었다가 다시 살아남.

기상천외(奇想天外) 보통 사람이 쉽게 짐작할 수 없을 정도로 엉뚱하고 기발한 생각

기승전결(起承轉結) 나타내고자 하는 바를 글로 쓸 때 '기'에서 말머리를 일으키고, '승'에서 앞에 것을 받아서 풀이하고, '전'에서 뜻을 한 번 변화시켜, '결'에서 끝맺음.

기암괴석(奇巖怪石) 기묘하게 생긴 바위.

기진맥진(氣盡脈盡) 기운과 의지력이 다하여 스스로 가누지 못할 만한 지경에 이름.

기호지세(騎虎之勢) 범을 타고 달리는 사람이 도중에서 내릴 수 없는 것처럼 도중에서 그만두거나 물러설 수 없는 형세를 이르는 말.

기화가거(奇貨可居) 진귀한 물건이니 사두었다 뒤에 이득을 얻도록 해야 한다는 뜻으로 좋은 기회를 놓치지 말라는 말.

ㄴ

낙락장송(落落長松) 가지가 축 늘어진 큰 소나무.

낙미지액(落眉之厄) 눈썹에 떨어진 재앙이라는 뜻이니 갑자기 닥친 재앙이라는 뜻.

낙정하석(落穽下石) 우물에 빠진 자에게 돌을 던진다. 남의 환난(患亂)에 다시 위해(危害)를 준다는 말.

낙조토홍(落照吐紅) 저녁 햇빛이 붉은 색을 토해 냄. 매우 붉은 석양을 뜻함.

낙화난상지(落花難上枝) 한 번 떨어진 꽃은 다시 가지에 오르기 어렵다는 말로, 이미 그릇된 일은 다시 수습할 도리가 없다는 뜻.

낙화유수(落花流水) ① 떨어지는 꽃과 흐르는 물. ② 남녀간의 그리운 심정.

난공불락(難攻不落) 공격하기가 어려워 쉽사리 함락되지 않음.

난상공론(爛商公論) 여러 사람들이 잘 의논함.

난상토의(爛商討議) 낱낱이 들어 잘 토의함.

난신적자(亂臣賊子) 임금을 죽이고 어버이를 해하는 자, 나라를 어지럽게 하는 신하와 불충불효한 자식.

난의포식(暖衣飽食) 따뜻한 옷을 입고 음식을 배불리 먹어 생활에 부자유스러움이 없는 것.

난중지난(難中之難) 어려운 일 가운데서도 가장 어려운 일. 몹시 어려운 일을 뜻함.

난형난제(難兄難弟) 어느 것이 낫고 어느 것이 못하다고 할 수 없음. 막상막하(莫上莫下). 백중지세(伯仲之勢)

남가일몽(南柯一夢) 꿈과 같이 헛된 한때의 헛된 부귀영화. 일장춘몽(一場春夢), 한단지몽(邯鄲之夢)

남귤북지(南橘北枳) 강남에 심은 귤을 강북에 심으면 탱자가 된다. 기후와 풍토가 다르면 모양과 성질이 달라진다는 뜻.(환경의 중요성)

남녀노소(男女老少) 남자와 여자, 늙은이와 젊은이. 모든 사람.

남부여대(男負女戴) 남자는 지고 여자는 인다. 가난에 시달린 사람들이 살 곳을 찾아 떠돌아다니며 사는 것을 말함.(평범한 사람)

남선북마(南船北馬) 바쁘게 여기저기를 돌아다님. 중국의 교통 상태가 남쪽은 강이 많아 배를 쓰고, 북쪽은 지형과 기후 관계로 말이나 차를 많이 쓰는 데서 온 말.

낭중지추(囊中之錐) 주머니 속에 든 송곳. 재주가 뛰어난 사람은 숨어 있어도 저절로 사람들이 알게 됨.

낭중취물(囊中取物) 주머니 속의 물건을 꺼내는 일. 매우 쉬운 일. 식은 죽 먹기.

내우외환(內憂外患) 나라 안팎의 근심 걱정.

내유외강(內柔外剛) 사실은 마음이 약한데도, 외부에는 강하게 나타남.

노기복력(老驥伏櫪) 천리마가 늙도록 마구간에 엎드려 있다는 말로, 인물이 늙기까지 아직 때를 만나지 못함을 비유한 말.

노기충천(怒氣沖天) 화난 기색이 하늘을 찌를 듯이 극에 달한 것.

노당익장(老當益壯) 늙어서도 더욱 기운이 씩씩함.

노래지희(老萊之戲) 주나라의 노래자(老萊子)가 약 칠십 세 때 색동옷을 입고 동자의 모습으로 재롱을 부려 부모님에게 매우 효도했다는 뜻.

노류장화(路柳墻花) 길가의 버들과 담 밑의 꽃은 누구든지 쉽게 만지고 꺾을 수 있다는 뜻으로 기생을 말함.

노마지지(老馬之智) 늙은 말의 지혜. 하찮은 인간이라도 자기 나름대로의 장점과 특징이 있다는 뜻.

노방생주(老蚌生珠) 오래된 조개가 진주를 낳는다는 말로, 아들이 아비보다 뛰어나게 훌륭하다는 말.

노변정담(爐邊情談) 화롯가에 둘러앉아 나누는 정다운 이야기.

노불습유(路不拾遺) 길에 떨어져 있는 남의 물건을 줍지 않는다는 뜻으로 나라가 잘 다스려져 모든 백성이 매우 정직한 모양을 이르는 말.

노심초사(勞心焦思) 몹시 마음을 졸이는 것.

녹수청산(綠水靑山) 푸른 물과 푸른 산.

녹음방초(綠陰芳草) 우거진 나무 그늘과 아름답게 우거진 풀, 여름철의 자연 경치를 가리키는 말.

녹의홍상(綠衣紅裳) 연두 저고리에 다홍치마. 곱게 차려 입은 젊은 아가씨의 복색.

논공행상(論功行賞) 세운 공을 논하여 상을 줌.

농가성진(弄假成眞) 장난삼아 한 말이 참말이 됨.

농교성졸(弄巧成拙) 지나치게 솜씨를 부리다가 도리어 서툴게 됨.

농와지경(弄瓦之慶) 딸을 낳은 기쁨. 농아지희(聾兒之喜)

농장지경(弄璋之慶) 아들을 낳은 기쁨. 弄璋之喜(농장지희)

뇌봉전별(雷逢電別) 우레처럼 만났다가 번개처럼 헤어진다는 뜻.(잠깐 만났다가 곧 이별한다는 말.)

뇌성벽력(雷聲霹靂) 우레 소리와 벼락.

누란지위(累卵之危) 달걀을 쌓아 놓은 것과 같이 매우 위태함. 累卵之勢(누란지세), 풍전등화(風前燈火), 일촉즉발(一觸卽發)

눌언민행(訥言敏行) 사람은 말하기는 쉬워도 행하기는 어려우므로 군자는 말은 느려도 실제의 행동은 민첩해야 함을 뜻함.

능대능소(能大能小) 재주와 주변이 좋아 모든 일에 두루 능함.

ㄷ

다기망양(多岐亡羊) 길이 여러 갈래여서 양을 잃다. 학문에는 길이 많아 진리를 찾기 어려우므로 목적을 망각하고 지엽적인 일에 매달리지 말라는 뜻.

다다익선(多多益善) 많으면 많을수록 좋음.

다문박식(多聞博識) 견문이 넓고 학식이 많음.

다정불심(多情佛心) 다정다감하고 착한 마음.

단금지교(斷金之交) 쇠를 자를 정도로 절친한 친구 사이를 말함. 기리단금(其利斷金)

단기지교(斷機之敎) 학문을 중도에 그만둠은 짜던 베를 끊는 것이라는 맹자 어머니의 교훈. 단지지계(斷機之誡)

단도직입(單刀直入) ① 홀몸으로 칼을 휘두르며 적진으로 쳐들어감.
② 요점을 바로 풀이하여 들어감.

단사표음(簞食瓢飮) 도시락 밥과 표주박 물. 변변치 못한 살림을 가리키는 뜻으로 청빈한 생활을 말함. 단표누항(簞瓢陋巷), 단식두갱(簞食豆羹)

단순호치(丹脣皓齒) 붉은 입술과 하얀 이란 뜻에서 여자의 아름다운 얼굴을 이르는 말. 주안옥치(朱顔玉齒), 명모호치(明眸皓齒), 화용월태(花容月態)

단사표음(簞食瓢飮) 변변치 못한 살림.

단표누항(簞瓢陋巷) 도시락과 표주박과 누추한 마을이라는 뜻. 소박한 시골 살림을 비유한 말.

담대심소(膽大心小) ① 담력은 커야 하지만 마음을 쓰는 데는 조심해야 한다는 말.
② 문장을 지을 때 담대하지만 세심한 주의를 요해야 한다는 말.

당구풍월(堂狗風月) 사당 개 삼 년에 풍월을 읊는다는 뜻으로, 무식한 자도 유식한 자와 같이 있으면 다소 유식해진다는 뜻.

당동벌이(黨同伐異) 서로 의견과 뜻이 같은 사람끼리 뭉치고, 저희와 다른 사람은 물리침을 뜻함.

당랑거철(螳螂拒轍) 사마귀가 수레바퀴에 맞섬. 제 분수도 모르고 강적에게 반항함.

대갈일성(大喝一聲) 크게 한 번 소리치다.

대경실색(大驚失色) 몹시 놀라 얼굴빛을 잃다.

대공무사(大公無私) 조금도 사욕이 없이 아주 공평하고 지극히 바르다는 뜻.

대교약졸(大巧若拙) 훌륭한 기교는 도리어 조졸한 듯하다는 뜻.

대기만성(大器晚成) 크게 될 인물은 늦게 이루어진다.

대동소이(大同小異) 대체로 같고 조금 다르다.

대대손손(代代孫孫) 대대로 내려오는 자손.

대분망천(戴盆望天) 동이를 머리에 이면 하늘을 바라볼 수가 없고, 하늘을 바라보려면 동이를 일 수 없다는 것으로, 두 가지 일을 동시에 할 수 없다는 것을 비유함.

대서특필(大書特筆) 특히 드러나게 큰 글자로 적어 표시함.

대우탄금(對牛彈琴) 소에게 거문고를 들려준다는 말로, 어리석은 사람에게 도리를 가르쳐도 알아듣지 못한다는 뜻.

대의명분(大義名分) 인류의 큰 의를 밝히고 분수를 지켜 정도에 어긋나지 않도록 하는 것.

대의멸친(大義滅親) 대의를 위해 부자의 정도 희생시킴. 국가 사회의 큰 일을 위해 사사로운 정을 희생함을 뜻함.

대한불갈(大旱不渴) 아무리 오래 가물어도 마르지 않을 만큼 샘이나 못에 물이 많음을 뜻함.

덕무상사(德無常師) 덕을 닦는 데는 일정한 스승이 없음을 이름.

도로무익(徒勞無益) 애만 쓰고 이로움이 없음. 도로무공(徒勞無功), 노이무공(勞而無功)

도룡지기(屠龍之技) 용을 잡는 재주라는 말로, 쓸데없는 재주를 뜻함.

도방고리(道傍苦李) 사람들에게 시달림을 받으며 길가에 서 있는 오얏나무를 말하니, 사람에게 버림받는다는 데에 비유함.

도불습유(道不拾遺) 나라가 잘 다스려져 백성이 길가에 떨어진 남의 물건을 줍지 않는다. 나라가 태평하게 잘 다스려짐을 비유한 말.

도원결의(桃園結義) 복숭아나무 정원에서 의형제 결의를 함. 《삼국지》의 유비, 관우, 장비의 의형제 맺음을 말함.

도중예미(塗中曳尾) 거북이 죽어서 귀히 되기보다는, 진흙이나 갯벌에 꼬리를 끌며 지낼지라도 오래 사는 것이 마음 편안하고 즐겁다는 데서 나온 말.(벼슬에 구애되지 않고 빈한하게 고향에서 지내는 선비를 뜻함.)

도청도설(道聽塗說) ① 거리에서 들은 것을 남에게 아는 체하며 말함.
② 깊이 생각 않고 예사로 듣고 말함.

도탄지고(塗炭之苦) 진구렁이나 숯불에 빠짐. 백성들이 몹시 고생스러움을 말함.

독불장군(獨不將軍) 남의 의견을 묵살하고 저 혼자 일을 처리해 나가는 사람.

독서망양(讀書亡羊) 책을 읽다가 양을 잃어버림. 다른 일에 정신을 빼앗겨 중요한 일을 소홀히 함.

독서삼매(讀書三昧) 딴 생각은 하지 않고 오직 책을 읽는 데에만 골몰한 경지.

독서삼여(讀書三餘) 독서하기에 적당한 세 여가.(겨울, 밤, 비올 때.)

독야청청(獨也靑靑) 홀로 푸르다는 말로, 높은 절개를 뜻함.

동가홍상(同價紅裳) 같은 값이면 다홍치마.

동고동락(同苦同樂) 괴로움과 즐거움을 함께 함.

동고지필(董孤之筆) 사실은 사실대로 지필하여 숨기지 않는다는 말.

동량지재(棟樑之材) 기둥이나 들보가 될 만한 훌륭한 인재. 한 집이나 한 나라의 큰 일을 맡을 만한 사람.

동문서답(東問西答) 묻는 말에 대하여 전혀 엉뚱한 대답을 하는 것.

동문수학(同門受學) 한 스승 밑에서 학문을 닦고 배우는 것. 동문동학(同門同學)

동병상련(同病相憐) 같은 처지에 있는 사람끼리 서로 동정함.

동분서주(東奔西走) 사방으로 바쁘게 돌아다님.

동빙한설(凍氷寒雪) 얼음이 얼고 눈보라가 치는 추위.↔화풍난양(和風暖陽)

동상이몽(同床異夢) 같은 잠자리에서 다른 꿈을 꿈. 곧 겉으로는 같이 행동하면서 속으로는 딴 생각을 가짐.

동선하로(冬扇夏爐) 겨울의 부채와 여름의 화로라는 말.(쓸데없는 물건을 말함.) 때에 맞지 아니하는 무용지물(無用之物)임을 비유하는 말.

동성상응(同聲相應) 같은 소리는 서로 대응한다는 뜻으로 의견을 같이하면 자연히 서로 합친다는 말, 같은 무리끼리 서로 통하여 응함. 동기상구(同氣相求), 유유상종(類類相從)

동심지언(同心之言) 같은 마음에서 나온 말, 절친한 친구 사이.

동이불화(同而不和) 겉으로는 동의를 표시하면서 내심은 그렇지 않음.

동정서벌(東征西伐) 여러 나라를 이리저리 정벌함.

동족방뇨(凍足放尿) 언 발에 오줌을 누어 녹인다는 말이니, 일시 구급은 되나 곧 효력이 없어질 뿐 아니라 더 악화된다는 뜻.

두문불출(杜門不出) 세상과 인연을 끊고 출입을 하지 않음.

두주불사(斗酒不辭) 말술도 사양하지 않음, 곧 주량이 매우 큼.

득롱망촉(得隴望蜀) 중국 한나라 때 광무제가 농을 정복한 뒤 촉을 쳤다는 데서 나온 말로 끝없는 욕심을 뜻함.

득어망전(得魚忘筌) 고기가 잡히면 쓰던 통발을 잊어버린다. 목적이 달성되면 목적을 위해 사용한 것을 잊는다는 뜻.

득의만면(得意滿面) 뜻한 바를 이루어 기쁜 표정이 얼굴에 가득함.
등고자비(登高自卑) ① 높은 곳에 이르기 위해서는 낮은 곳부터 밟아야 한다. 일을 하는 데는 반드시 차례를 밟아야 한다는 말.
② 지위가 높아질수록 스스로를 낮춘다는 말.
등태소천(登泰小天) 태산에 오르면 천하가 조그맣게 보인다. 사람은 그가 있는 위치에 따라 보는 눈이 달라진다는 뜻.
등하불명(燈下不明) 등잔 밑이 어둡다. 가까이 있는 것이 오히려 알아내기가 어려움.
등화가친(燈火可親) 가을이 되어 서늘하면 밤에 불을 가까이 하여 글 읽기에 좋다는 말.

마고소양(麻姑搔痒) 마고가 긴 손톱으로 가려운 데를 긁는다는 뜻. 일이 뜻한 대로 시원스럽게 잘 되어감을 이르는 말.
마부위침(磨斧爲針) 아무리 이루기 힘든 일도 끊임없는 노력과 끈기 있는 인내로 성공하고야 만다는 뜻.
마이동풍(馬耳東風) 쇠귀에 마파람. 남의 말을 귀담아듣지 아니하고 지나쳐 흘려버림. 牛耳誦經(우이송경), 牛耳讀經(우이독경)
마혁과시(馬革裹屍) 말가죽으로 시체를 싼다는 뜻. 옛날에는 전사한 장수의 시체는 말가죽으로 쌌음, 곧 전사함을 이름.

만파식적(萬波息笛) 신라 신문왕이 동해가에 나가 놀다가 바다 신으로부터 이 피리를 받았다고 전하는데, 이 피리를 한 번 불면 모든 물결이 잠잠하여 진다고 함.

만화방창(萬化方暢) 따뜻한 봄날에 온갖 생물이 한창 피어나 자람.

막상막하(莫上莫下) 실력에 있어 낫고 못함이 없이 비슷함.

막역지우(莫逆之友) 참된 마음으로 서로 거역할 수 없이 매우 친한 벗을 말함. 막역지간(莫逆之間), 죽마고우(竹馬故友)

만경창파(萬頃蒼波) 만 갈래의 푸른 물결. 한없이 넓고 푸른 바다.

만고불후(萬古不朽) 영원히 썩지 아니하고 오래간다. 만고불멸(萬古不滅)

만고천추(萬古千秋) 천만 년의 오랜 세월, 곧 영원한 세월.

만고풍상(萬古風霜) 사는 동안에 겪은 많은 고생.

만단수심(萬端愁心) 여러 가지 근심과 걱정, 온갖 시름.

만리전정(萬里前程) 만리 같은 앞길. 젊은이의 희망에 찬 긴 앞길을 비유해서 하는 말.

만면수색(滿面愁色) 얼굴에 가득 찬 수심.

만사와해(萬事瓦解) 만사가 기왓장 무너지듯이 됨.(한 가지 잘못으로 만사가 다 틀어져버림.)

만사형통(萬事亨通) 일이 순탄하게 진행됨.

만사휴의(萬事休矣) 모든 방법이 헛되게 됨.

만산홍엽(滿山紅葉) 온 산이 단풍으로 붉게 물듦.(가을 경치.)

만수무강(萬壽無疆) 아무 탈 없이 오래오래 삶을 뜻하는 말로 손윗사람이나 존경하는 분의 건강을 빌 때 주로 사용. 만세무강(萬世無疆)

만시지탄(晩時之嘆) 시기가 늦었음을 안타까워하는 탄식.

만신창이(滿身瘡痍) ① 온몸이 상처투성이가 됨.
② 일이 아주 엉망이 되어 결함이 많음을 비유적으로 이르는 말.

만절필동(萬折必東) 황하는 아무리 많이 꺾여 흘러도 필경 동쪽으로 흘러간다는 뜻. 한 번 마음먹은 굳은 절개는 꺾을 수 없다는 말.

만추가경(晩秋佳景) 늦가을의 아름다운 경치.

만학천봉(萬壑千峯) 첩첩이 겹쳐진 수많은 골짜기와 수많은 봉우리.

망국지음(亡國之音) 망한 나라의 음악, 나라를 망하게 만드는 음악. 해로울 줄 알면서 몰두하는 것을 비유함.

망국지탄(亡國之歎) 망국에 대한 한탄. 망국지한(亡國之恨), 맥수지탄(麥秀之嘆)

망극지은(罔極之恩) 다함이 없는 임금이나 부모의 큰 은혜.

망년지우(忘年之友) 나이 차이를 생각하지 않고, 재주와 학문만으로 사귀는 친구. 망년지교(忘年之交)

망양득우(亡羊得牛) 작은 것을 잃고 큰 것을 얻음을 뜻함.

망양보뢰(亡羊補牢) 양을 잃고 우리를 고친다는 뜻. 이미 실패한 다음에 뉘우쳐도 소용없다는 말. 소 잃고 외양간 고친다.

망양지탄(望洋之嘆) 넓은 바다를 보고 감탄한다는 뜻. 곧, 남의 위대함에 감탄하고 나의 미흡함을 부끄러워함의 비유. 제 힘이 미치지 못할 때 하는 탄식.

망양지탄(亡羊之歎) 잃은 양을 여러 갈래의 길에서 찾지 못하듯, 학문의 길이 여러 갈래여서 못 미침을 탄식. 다기망양(多岐亡羊)

망연자실(茫然自失) 넋이 나간 듯이 멍함.

망운지정(望雲之情) 자식이 타향에서 부모를 그리는 정. 망운지회(望雲之懷)

망자계치(亡子計齒) 죽은 자식 나이 세기. 곧 이미 지나간 쓸데없는 일을 생각하며 애석히 여긴다는 뜻.

매처학자(梅妻鶴子) 매화를 아내로 삼고 학을 자식으로 삼는다는 뜻으로 풍아한 생활을 말함.

맥수지탄(麥秀之嘆) 나라를 잃음에 대한 탄식. 망국지탄(亡國之歎)

맹모삼천(孟母三遷) 맹자의 어머니가 자식의 교육을 위해 이사를 세 번 했다는 말로 교육과 환경의 중요성. → 孟母三遷之敎의 준말.

맹자직문(盲者直門) 장님이 문으로 바로 들어갔다는 뜻으로, 우연히 요행수로 성공을 거두었음을 말함.

면종복배(面從腹背) 앞에서는 순종하는 체하고 속으로는 딴마음을 먹음. 구밀복검(口蜜腹劍)

멸문지화(滅門之禍) 한 집안이 다 죽음을 당하는 끔찍한 재화(災禍). 멸문지환(滅門之患)

멸사봉공(滅私奉公) 사사로움을 버리고 공공을 위하여 힘써 일함.

명경지수(明鏡止水) 티끌 한 점 없는 밝은 거울이라는 데서 사념이 없는 아주 깨끗한 마음을 뜻함.

명불허전(名不虛傳) 명예가 널리 퍼짐은 그만한 실상이 있어 퍼진다는 뜻.(명예는 헛되이 전하여지는 것이 아님을 일컫는 말.)

명약관화(明若觀火) 밝기가 불을 보는 것과 같음. 불문가지(不問可知)

명명백백(明明白白) 아주 명백함.

명실상부(名實相符) 이름과 실상이 서로 들어맞음.

명약관화(明若觀火) 불을 보는 듯이 환하게 분명히 알 수 있음.

명재경각(命在頃刻) 거의 죽게 되어서 목숨이 곧 넘어갈 지경에 이름.

명철보신(明哲保身) 일을 처리함에 있어서 잘 생각하여 자기 일신을 그르치지 않고 보존함.(요령 있게 처세하는 사람.)

모골송연(毛骨悚然) 털과 뼈까지 두려워서 곤두선다는 뜻으로, 몹시 놀라고도 두려움.

모수자천(毛遂自薦) 자기가 스스로 자기를 추천함.(모수가 자신을 천거했다는 고사.)

목불식정(目不識丁) 낫 놓고 기역자도 모를 만큼 아주 무식함.

목불인견(目不忍見) 차마 눈뜨고 볼 수 없는 참상이나 꼴불견.

몽매지간(夢寐之間) 자거나 꿈꾸는 동안.

묘두현령(猫頭縣鈴) 고양이 목에 방울 달기라는 뜻으로 실행할 수 없는 헛 이론을 일컬음. 묘항현령(猫項懸鈴)

무골호인(無骨好人) 아주 순하여 남의 비위에 두루 맞는 사람.

무근지설(無根之說) 근거 없는 이야기, 헛소문.

무념무상(無念無想) 아무 잡념이 없이 자기를 잊음, 무상무념(無想無念)

무릉도원(武陵桃源) 신선이 살았다는 전설적인 중국의 명승지를 일컫는 말로 곧 속세를 떠난 별천지.

무불간섭(無不干涉) 함부로 남의 일에 간섭함.

무불통지(無不通知) 무슨 일이든 모르는 것이 없음. 무소부지(無所不知)

무산지몽(巫山之夢) 무산에서 꾼 꿈. 지금은 남녀의 밀회나 정사를 일컬음.

무소불위(無所不爲) 못할 것이 없음.

무아도취(無我陶醉) 즐기거나 좋아하는 것에 정신이 쏠려 취하다시피 되어 자신을 잊어버리고 있는 상태. 무아지경(無我之境)

무용지물(無用之物) 쓸모없는 물건.

무용지용(無用之用) 언뜻 쓸모없는 것으로 간주되고 있는 것이 오히려 큰 구실을 한다는 말.

무위도식(無爲徒食) 아무 하는 일없이 먹기만 함.

무위이화(無爲而化) 행위 없이 되어짐. 뚜렷한 행위 없이 감화에 의해서 이룩되는 것.

무위자연(無爲自然) 사람의 힘을 들이지 아니한 그대로의 자연.

무인지경(無人之境) ① 사람이 아무도 없는 경지.
② 아무것도 거칠 것이 없는 판.

무주공산(無主空山) 인가도 인기척도 없는 쓸쓸한 산, 임자 없는 빈 산.

무후위대(無後爲大) 불효 중에서 가장 큰 것으로 자손이 없는 것을 말함.

문경지교(刎頸之交) 목이 잘리는 한이 있어도 마음을 변치 않고 사귀는 친한 사이.

문방사우(文房四友) 서재에 꼭 있어야 할 네 벗. 즉 종이, 붓, 벼루, 먹을 말함.

문외작라(門外雀羅) 문 밖에 새그물을 쳐 놓을 만큼 손님들의 발길이 끊어짐을 말함.

문일지십(聞一知十) 한 가지를 들으면 열 가지를 앎. 총명하고 슬기가 뛰어남.

문전걸식(門前乞食) 남의 문 앞에 가서 빌어먹음.

문전성시(門前成市) 권세가 크거나 부자가 되어 집문 앞이 찾아오는 손님들로 마치 시장을 이룬 것 같음. 문정약시(門庭若市)

문전옥답(門前沃畓) 집 앞 가까이에 있는 좋은 논, 곧 많은 재산을 일컫는 말.

문전걸식(門前乞食) 집집이 돌아다니며 밥을 구걸함.

물각유주(物各有主) 무슨 물건이나 그것을 가질 사람은 따로 있다는 말.

물심일여(物心一如) 마음과 형체가 구분됨이 없이 하나로 일치한 상태.

물실호기(勿失好機) 좋은 기회를 놓치지 않음.

미사여구(美辭麗句) 아름다운 말과 고운 글귀.

미생지신(尾生之信) 융통성이 없이 약속만을 굳게 지킴, 또는 신의가 굳음 비유.

미인박명(美人薄命) 미인은 흔히 불행하거나 병약하여 요절하는 일이 많다는 말.

미풍양속(美風良俗) 아름답고 좋은 풍속.

ㅂ

박이부정(博而不精) 넓게 알고 있으나 자세하지 못함.

박장대소(拍掌大笑) 손바닥을 치면서 크게 웃음.

반근착절(盤根錯節) 뿌리가 많이 내리고 마디가 이리저리 서로 얽혀 있다는 뜻으로, 세력이 뿌리 깊이 박혀 있고 당파가 잘 단결이 되어 있어 이를 제거하기가 어려울 때 쓰는 말.

반목질시(反目嫉視) 눈을 흘기면서 밉게 봄, 서로 미워하며 시기함.

반식재상(伴食宰相) 재능이 없으면서 유능한 재상 옆에 붙어서 정사를 처리하는 재상.

반신반의(半信半疑) 참과 거짓을 판단하기 어려워 얼마쯤 믿으면서도 한편으로는 의심함.

반의지희(斑衣之戲) 지극한 효성, 늙은 부모를 위로하려고 색동저고리를 입고 기어가 보임. 곧 늙어서까지 부모에게 효도함.

반자불성(半字不城) 글자를 쓰다가 중간에 그만둠. 일을 중도에서 그만두면 아무것도 안 된다는 뜻.

반포지효(反哺之孝) 자식이 자라서 부모를 봉양함.

발본색원(拔本塞源) 폐단의 근원을 찾아서 아주 뽑아 없애버린다는 뜻.

방약무인(傍若無人) 무엇을 하거나 말을 할 때 조금도 거리낌 없고 조심성 없게 한다.

방휼지세(蚌鷸之勢) 서로 양보하지 않아 결국은 제삼자에게 이익을 주게 됨을 이르는 말. 방휼지쟁(蚌鷸之爭), 어부지리(漁父之利)

배반낭자(杯盤狼藉) 술 먹은 자리의 혼잡한 모양을 말함.

배수지진(背水之陣) 필승을 기하여 목숨을 걸고 싸움.

배은망덕(背恩忘德) 은혜를 잊고 도리어 배반함.

배중사영(杯中蛇影) 잔 속에 비친 뱀 그림자. 쓸데없는 일에 의심을 하여 근심을 만드는 일.

백가쟁명(百家爭鳴) 여러 사람이 서로 자기의 주장을 내세우는 일.

백계무책(百計無策) 있는 꾀를 다 써 보아도 뾰족한 다른 방도가 없음. 계무소출(計無所出)

백골난망(白骨難忘) 죽어도 잊지 못할 큰 은혜를 입음.

백구과극(白駒過隙) 인생이 야속하게도 덧없이 짧음을 일컫는 말.

백년가약(百年佳約) 젊은 남녀가 한 평생을 함께 살자는 언약.

백년대계(百年大計) 먼 뒷날까지 걸친 원대한 계획.

백년하청(百年河淸) 중국의 황하가 언제나 흐리어 맑을 때가 없다는 말로, 이루어지지 않을 일을 오래 두고 기다림.

백년해로(百年偕老) 부부가 화합하여 함께 늙도록 살아감.

백락일고(伯樂一顧) 남이 자기 재능을 알고 잘 대우함.

백면서생(白面書生) 글만 읽고 세상일에 어두운 사람.

백발백중(百發百中) 무슨 일이든지 생각하는 대로 다 들어맞음.

백아절현(伯牙絕鉉) 백아는 자신의 거문고 소리를 바로 이해하던 친구 종자기가 죽자 거문고 줄을 끊었다. 즉, 자기를 알아주는 참다운 벗의 죽음을 슬퍼함을 뜻함.

백의종군(白衣從軍) 벼슬하지 않고 전쟁에 종군함.

백의천사(白衣天使) 흰옷을 입은 간호사를 일컫는 말.

백이숙제(伯夷叔齊) 중국 은나라의 처사 고죽군의 아들로 백이는 형, 숙제는 아우. 무왕이 은을 치려는 것을 말리다가 듣지 않으므로 주나라의 곡식 먹기를 부끄럽게 여겨 수양산에 들어가 고사리를 캐어 먹으며 살다가 죽음.

백일승천(白日昇天) 대낮에 하늘로 올라간다 함이니 신선이 된다는 말

백일청천(白日靑天) 밝은 해가 비치고 맑게 갠 푸른 하늘.

백전노장(百戰老將) ① 많은 싸움을 치른 노련한 장수.
② 세상의 온갖 어려운 일을 많이 겪은 노련한 사람.

백절불굴(百折不屈) 아무리 꺾으려고·해도 굽히지 않음. 百折不撓(백절불요)

백중숙계(伯仲叔季) 백(佰)은 맏이, 중(仲)은 둘째, 숙(叔)은 셋째, 계(季)는 막내라는 뜻으로 네 형제의 차례를 일컫는 말.

백중지세(伯仲之勢) 우열(優劣)의 차이가 없이 엇비슷함을 이르는 말. 伯仲之間(백중지간)

백척간두(百尺竿頭) ① 위태롭고 어려운 지경에 이름.
② 그 분야에 가장 뛰어난 사람.

백팔번뇌(百八煩惱) 불교 용어로 인간이 과거, 현재, 미래에 걸친 108가지의 번뇌를 말함.

번문욕례(繁文縟禮) 번거롭고 까닭이 많으며, 형식에 치우친 예문.(禮文)

병입고황(病入膏肓) 병이 깊어 고치기 어렵게 되었음을 이르는 말.

보거상의(輔車相依) 수레의 덧방나무와 바퀴처럼 서로 돕고 의지하여 이해 관계가 밀접함을 일컫는 말.

보국안민(輔國安民) 나라를 도와 백성을 편하게 함.

보원이덕(報怨以德) 원한이 있는 사람에게 은덕으로 갚는 일. 곧, 원수 갚기를 덕으로써 하라는 말.

복거지계(覆車之戒) 앞 수레가 엎어지는 것을 보고 뒷 수레가 조심한다는 뜻.(남의 실패를 보고 자기를 경계하는 말.)

복배지수(覆盃之水) 엎지른 물이란 뜻으로, 이미 저지른 일은 다시 수습하게 어렵다는 말. 복수불수(覆水不收), 복수불반분(覆水不返盆)

복용봉추(伏龍鳳雛) 엎드려 있는 용은 제갈공명을 가리키고, 봉의 새끼란

	방사원을 이름. 즉, 특출한 인물을 비유하는 말.
본말전도(本末顚倒)	일의 원줄기를 잊고 사소한 부분에만 사로잡힘.
봉린지란(鳳麟芝蘭)	봉황, 기린과 같이 잘난 남자와 지초, 난초와 같이 예쁜 여자라는 뜻. 젊은 남녀의 아름다움을 나타내는 말.
봉생마중(蓬生麻中)	쑥이 삼밭 가운데서 자람. 환경에 따라서 바로 자라게 됨을 뜻하는 말.
부관참시(剖棺斬屍)	죽은 후에 큰 죄가 드러난 사람에게 대하여 관을 쪼개고 송장의 목을 베어 극형을 추시하던 일.
부귀재천(富貴在天)	부귀를 누리는 일은 하늘의 뜻에 달려 있어서 사람의 힘으로는 어찌할 수 없음을 이르는 말.
부득요령(不得要領)	요령을 잡을 수 없음. 아무 긴요한 일을 달성시키지 못함을 뜻함.
부부유별(夫婦有別)	부부 사이에는 각각 직분이 있어 서로 침범하지 못할 구별이 있음.
부부자자(父父子子)	아버지는 아버지 노릇을 하고 아들은 아들 노릇을 함.
부생여몽(浮生如夢)	인생은 항상 허무한 꿈과 같음을 이르는 말.
부위부강(夫爲婦綱)	아내는 남편을 섬기는 것이 근본이다.
부위자강(父爲子綱)	아들은 아버지를 섬기는 것이 근본이다.
부자유친(父子有親)	부자간에는 친애함이 있어야 함.
부전자전(父傳子傳)	아버지의 것이 아들에게 전해짐.

부중생어(釜中生魚) 솥 안에서 헤엄치는 물고기란 뜻으로 오래 계속되지 못할 일을 비유함. 부중지어(釜中之魚)

부지기수(不知其數) 너무 많아서 그 수효를 알 수가 없음.

부창부수(夫唱婦隨) 남편이 창을 하면 아내도 따라 하는 것. 부부 화합의 도리.

부화뇌동(附和雷同) 제 주견이 없이 남이 하는 대로 그저 무턱대고 따라함.

북창삼우(北窓三友) 북쪽 창가의 세 친구. 거문고와 시와 술을 일컬음.

북풍한설(北風寒雪) 몹시 차고 추운 겨울바람과 눈.

분골쇄신(粉骨碎身) 뼈는 가루가 되고 몸은 산산조각이 됨. 목숨을 걸고 최선을 다함.

분기충천(憤氣沖天) 분한 마음이 하늘을 찌를 듯이 솟아오름, 몹시 분함. 분기탱천(憤氣撐天)

분서갱유(焚書坑儒) 학자의 정치 비평을 금하기 위해 책을 불사르고, 유생들을 생매장함.

불가사의(不可思議) 사람의 생각으로는 미루어 알 수 없는 이상야릇함.

불감생심(不敢生心) 감히 엄두도 낼 수 없음.

불계지주(不繫之舟) 매어 놓지 않은 배라는 뜻.
① 속세를 초탈한 무념무상의 경지를 이르는 말.
② 정처없이 방랑하는 사람을 비유한 말.

불로소득(不勞所得) 노동의 대가로 얻는 소득이 아님.

불립문자(不立文字) 불도의 깨달음은 이심전심으로 전하는 것이므로 따로 언어나 문자로써 나타낼 수 없다는 뜻. 마음에서 마음으로 전함. 이심전심(以心傳心), 교외별전(敎外別傳), 심심상인(心心相印), 염화미소(拈華微笑)

불모지지(不毛之地) 초목이 나지 않는 메마른 땅.

불문가지(不問可知) 묻지 않아도 알 수 있음.

불문곡직(不問曲直) 옳고 그름을 가리지 않고 함부로 일을 처리함.

불사이군(不事二君) 한 사람이 두 임금을 섬기지 아니함.

불세지재(不世之才) 대대로 드문 큰 재주, 세상에 드문 큰 재주. 불세지공(佛世之功)

불요불굴(不撓不屈) 한 번 결심한 마음이 흔들리거나 굽힘이 없이 억셈.

불원천리(不遠千里) 천리도 멀지 않게 생각함.

불철주야(不撤晝夜) 밤낮을 가리지 않음.

불치하문(不恥下問) 아랫사람에게 배우는 것을 부끄럽게 여기지 않음.

불편부당(不偏不黨) 어느 한편으로도 치우치지 아니하고 중립의 태도를 지켜 아주 공평함.

붕우유신(朋友有信) 벗과 벗은 믿음이 있어야 한다.

붕정만리(鵬程萬里) 붕새가 날아가는 하늘길이 만리로 트임, 곧 전도가 지극히 양양한 장래. 원대한 사업이나 계획을 비유함.

비례물시(非禮勿視) 예의에 어긋나는 일은 보지를 말라는 뜻.

비몽사몽(非夢似夢) 꿈인지 생시인지 어렴풋한 상태.

비분강개(悲憤慷慨) 슬프고 분한 느낌이 마음속에 가득 차 있음.
비승비속(非僧非俗) 이것도 저것도 아닌 어중간한 것을 비유하여 이르는 말.
비육지탄(髀肉之嘆) ① 바쁘게 돌아다닐 일이 없어 가만히 놀고먹기 때문에 넓적다리에 살만 찐다고 한탄하는 말.
② 성공할 기회를 잃고 허송세월 하는 것을 탄식함.
비일비재(非一非再) 하나둘이 아님.(수두룩함.)
빈계지신(牝鷄之晨) 암탉이 울어서 새벽을 알린다는 것으로 이치가 바뀌어 집안이 망할 징조라는 뜻.
빈자소인(貧者小人) 가난하면 남에게 굽히는 일이 많아 저절로 소인이 된다는 뜻.
빈즉다사(貧則多事) 가난한 사람은 실속이 없는 일이 많다는 뜻.
빈천지교(貧賤之交) 가난하고 천한 지위에 있을 때의 사귐.
빙공영사(憑公營私) 공사를 이용하여 사리를 꾀한다.↔멸사봉공(滅私奉公)
빙기옥골(氷肌玉骨) 매화의 다른 이름, 추운 겨울에 하얀 꽃이 피기 때문. 빙자옥골(氷姿玉骨)

사고무친(四顧無親) 친척이 없어 의지할 곳 없이 외로움. 사고무인(四顧無人)
사군이충(事君以忠) 충성으로 임금을 섬김.

사농공상(士農工商) 봉건시대의 네 가지 사회 계급. 곧, 선비, 농부, 공장(工匠), 상인을 말하는 것으로 모든 계급의 백성을 일컬음.

사면초가(四面楚歌) 한 사람도 도우려는 자가 없이 고립되어 곤경에 처해 있음.

사면춘풍(四面春風) 모든 방면에 봄바람이 분다. 항상 좋은 얼굴로 남을 대하여 누구에게나 호감을 삼.

사목지신(徙木之信) 위정자는 백성을 속이지 않는다는 뜻. 속이지 않음을 증명함.

사문난적(斯文亂賊) 유교, 특히 성리학에서 교리를 어지럽히고 사상에 어긋나는 언행으로 세상을 소란스럽게 하는 사람.

사발통문(沙鉢通文) 호소문, 격문 등에서 누가 주모자인지 알지 못하게 하기 위하여 필두(筆頭)가 없이 관계자의 이름을 사발 모양으로 삥 돌려가며 적은 통문.

사분오열(四分五裂) 여러 쪽으로 찢어짐, 어지럽게 분열됨.

사불급설(駟不及舌) 소문이 삽시간에 퍼짐, 말조심하라는 뜻.

사상누각(砂上樓閣) 모래 위에 지은 집, 곧 헛된 것을 비유하는 말.

사생유명(死生有命) ① 사람의 생사가 천명에 매여 있음.
② 의리를 위하여 죽음을 피하지 않음.

사생취의(捨生取義) 목숨을 버리고 의리를 좇음. 살신성인(殺身成仁)

사양지심(辭讓之心) 사양하거나 남에게 양보할 줄 아는 마음, 사단(四端)의 하나임.

사이후이(死而後已) 죽은 뒤에야 그만둔다는 뜻으로, 의지가 굳음을 말함.

사차불후(死且不朽) 죽더라도 썩어 없어지지 않는다는 뜻. 몸은 죽어 없어지지만 명성만은 후세에 길이 전함.

사친이효(事親以孝) 효도로 부모를 섬김.

사통오달(四通五達) 길이나 교통망 통신망 등이 사방으로 막힘없이 통함.

사필귀정(事必歸正) 무슨 일이든지 결국은 옳은 대로 돌아간다는 뜻.

산고수장(山高水長) 군자의 덕이 길이길이 전함.

산상수훈(山上垂訓) 예수가 산꼭대기에서 행한 설교. 예수의 사랑의 윤리가 표현되어 있음.

산자수명(山紫水明) 산이 아름답고 물이 맑음, 경치가 아름다움.

산전수전(山戰水戰) 산에서의 전투와 물에서의 전투를 다 겪음. 세상일에 경험이 많음.

산해진미(山海珍味) 산과 바다의 산물(産物)을 다 갖추어 썩 잘 차린 귀한 음식.

살생유택(殺生有擇) 산 것을 가려서 죽임.

살신성인(殺身成人) 절개를 지켜 목숨을 버림.

삼간초가(三間草家) 세 칸짜리 초가라는 뜻으로, 썩 작은 집.

삼강오륜(三綱五倫) 유교에 있어서 사람들이 지켜야 할 도리. '삼강'은 도덕에 있어서 바탕이 되는 세 가지 벼리. 임금과 신하, 어버이와 자식, 남편과 아내 사이에 마땅히 지켜야 할 도리로서 곧, 君爲臣綱·父爲子綱·夫爲婦綱. '오륜'은 부자 사이에 친애, 군신 사이의 의리, 부부 사이의 분별, 장유 사이의 차례, 친구 사이의 신의를 지켜야 할 다섯 가지의 도리로서 곧, 父子有親·君臣有義·夫婦有別·長幼有序·朋友有信.

삼고초려(三顧草廬) 유비가 제갈공명을 세 번이나 찾아가 군사로 초빙한 데서 유래한 말로 '임금의 두터운 사랑을 입다.'라는 뜻, 삼고지례(三顧之禮)

삼라만상(森羅萬象) 우주 사이에 존재하는 온갖 사물과 현상.

삼삼오오(三三五五) 서너 사람 또는 너댓 사람이 여기저기 떼를 지어 다니다가 무슨 일을 하는 모양.

삼성오신(三省五身) 매일 내 몸을 세 번 반성함.

삼순구식(三旬九食) 한 달에 아홉 끼를 먹을 정도로 매우 빈궁한 생활.

삼인성호(三人成虎) 여러 사람이 거리에 범이 나왔다고 하면 참말로 곧이 듣게 된다. 근거 없는 말도 여러 사람이 하면 이를 믿게 된다는 뜻.

삼종지도(三從之道) 여자가 지켜야 할 세 가지 도리. 곧 어버이, 남편, 아들을 좇는 일.

삼척동자(三尺童子) 키가 석 자에 불과한 자그만 어린애, 곧 어린아이.

삼천지교(三遷之敎) 맹자의 어머니가 아들의 교육을 위하여 세 번 거처를 옮겼다는 고사로, 생활환경이 교육에 있어 큰 구실을 함을 말함. 맹모삼천지교(孟母三遷之敎)

삼한사온(三寒四溫) 사흘은 춥고 나흘은 따뜻한 날씨.

상가지구(喪家之狗) 초상집 개. 초상집은 슬픔에만 잠겨 아무것에도 관심이 없는 것처럼, 여위고 기운 없이 초라한 모양으로 이곳저곳 기웃거리며 얻어먹을 것만 찾아다니는 사람을 놀려서 하는 말.

상궁지조(傷弓之鳥) 화살에 상처를 입은 새라는 뜻. 한 번 혼이 난 일로 인하여 늘 두려워하며 의심하는 마음을 품는 일. 경궁지조(驚弓之鳥)

상선약수(上善若水) 노자 사상의 표현으로, 이 세상에서 물을 가장 으뜸가는 선의 표현으로 일컫는 말.

상전벽해(桑田碧海) 뽕나무밭이 변하여 바다가 된다는 뜻으로, 세상일의 변천이 심하여 사물이 바뀜. 창해상전(滄海桑田), 격세지감(隔世之感), 강산일변(江山一變)

상통하달(上通下達) 아랫사람이 윗사람에게 의사를 통한다.

새옹지마(塞翁之馬) 세상일은 복이 될지 화가 될지 예측할 수 없다는 말. 전화위복(轉禍爲福), 호사다마(好事多魔)

생기사귀(生寄死歸) 삶은 세상에 붙어살고 죽음은 돌아가는 것. 인간의 육신의 삶은 나그네처럼, 죽음은 어디론가 돌아가는 것.

생구불망(生口不網) 산 사람의 목구멍에 거미줄 치지 않는다는 말.

생이지지(生而知之) 나면서부터 앎.

서과피지(西瓜皮知) 사물의 내용은 모르고 겉만 건드린다. 수박 겉핥기.

서리지탄(黍離之歎) 나라가 망하고 옛 도성의 궁궐터가 밭으로 변해버린 것을 한탄하는 말.

서산낙일(西山落日) ① 서산에 지는 해.
② 세력, 힘 따위가 기울어져 어쩔 수 없이 멸망하게 된 판국.

서시빈목(西施嚬目) 아무 비판 없이 무조건 남의 흉내만 내는 것.

서제막급(噬臍莫及) 사람에게 잡힌 사향노루가 배꼽의 향내 때문에 잡혔다고 생각해서 배꼽을 물어뜯는 것처럼, 일이 그릇된 뒤에는 후회하여도 어찌할 수 없다는 말.

선견지명(先見之明) 앞일을 미리 보아서 판단하는 총명.

선공후사(先公後私) 공적인 일을 먼저하고 사적인 일을 뒤로 미룸.

선남선녀(善男善女) 착한 남자와 여자.(보통의 사람.)

선망후실(先忘後失) 앞에서는 잊고 후에는 잃는다 함이나, 자꾸 잊어버리기를 잘한다는 말.

선우후락(先憂後樂) 세상의 근심할 일은 남보다 먼저 근심하고, 즐거워할 일은 남보다 나중에 즐거워함. 곧 지사(志士)나 어진 사람의 마음씨.

선즉제인(先則制人) 선수를 치면 남을 제압할 수 있다, 일을 하려면 선수를 잘 쳐야 한다는 것.

선참후계(先斬後啓) 군대의 규율을 어긴 사람을 먼저 처형한 다음에 임금에게 아뢰던 일.

선풍도골(仙風道骨) 뛰어난 풍채와 골격. 곧, 풍채가 뛰어난 사람을 말함.

설부화용(雪膚花容) ① 흰 살결에 고운 얼굴. ② 미인의 얼굴.

설상가상(雪上加霜) 눈 위에 또 서리가 덮인다. 불행이 엎친 데 덮친 격으로 거듭 생김.

설왕설래(說往說來) 서로 변론(辯論)을 주고받으며 옥신각신함. 시시비비(是是非非), 왈가왈부(曰可曰否), 시야비야(是也非也)

설중송백(雪中松柏) 눈 속의 소나무와 잣나무라는 뜻으로, 지조와 절개가 높고 굳음을 말함.

섬섬옥수(纖纖玉手) 가냘프고 고운 여자의 손.

성자필쇠(盛者必衰) 한 번 성한 자는 반드시 쇠할 때가 있다는 뜻.

세한삼우(歲寒三友) 겨울철 관상용인 소나무, 대나무, 매화나무.

소인지용(小人之勇) 혈기에서 오는 소인의 용기. 필부지용(匹夫之勇)

소심익익(小心翼翼) 조그만 일에까지도 대단히 근심하고 삼가는 모양, 소심하여 겁이 많다는 의미로 그 뜻이 바뀌었다.

소탐대실(小貪大失) 작은 것을 탐내다가 큰 것을 잃음. 교각살우(矯角殺牛)

속수무책(束手無策) 어찌 할 도리 없이 꼼짝 못함.

송구영신(送舊迎新) 묵은해를 보내고 새해를 맞음.

송무백열(松茂栢悅) 소나무가 무성하니 잣나무가 기뻐한다 함은 친구의 잘됨을 기뻐한다는 말.

송양지인(宋襄之仁) 송양공의 어짊, 쓸데없이 어진 체함. 무익한 인정을 비유한 말.

수구여병(守口如甁) 입을 병마개 막듯이 봉함, 비밀을 잘 지켜 말하지 않음.

수구초심(首邱初心) 여우가 죽을 때 고향 쪽으로 머리를 둔다는 뜻으로 고향을 생각하는 마음, 타향에서 고향에 계신 어머니를 그리는 마음. 망운지정(望雲之情)

수렴청정(垂簾聽政) 왕대비가 어린 임금을 대신하여 정사를 돌봄. 발을 늘어뜨리고, 신하의 의견을 듣고 다스리므로 하는 말.

수복강녕(壽福康寧) 오래 살고 복되며, 몸이 건강하고 편안함.

수불석권(手不釋卷) 늘 공부를 게을리하지 않음.

수서양단(首鼠兩端) 어떤 일을 할 때 쭈뼛거리고 주저하여 실행하지 못함. 어느 쪽으로도 취할 수 없는 애매한 태도.

수석침류(漱石枕流) 돌로 이 닦고 물로 베개 삼는다는 뜻으로, 자기가 한 말이 틀렸어도 지기 싫어 고집함. '침석수류라고 하여야 할 것을 잘못해서 수석침류'라고 하고서도 잘못 아니라고 그럴 듯하게 꾸며댄 고사.

수수방관(袖手傍觀) 팔짱을 끼고 본다, 어떤 일을 당하여 옆에서 보고만 있는 것.

수신제가(修身齊家) 행실을 닦고 집안을 바로잡음.

수어지교(水魚之交) 떨어질 수 없는 아주 친밀한 사이. 君臣水魚(군신수어)
수오지심(羞惡之心) 사단(四端)의 하나. 불의를 부끄러워하고 착하지 못함을 미워할 줄 아는 마음.
수원수구(誰怨誰咎) 남을 원망하거나 책망할 것이 없음. 수원숙우(誰怨孰尤)
수족지애(手足之愛) 형제지간의 정.
수주대토(守株待兎) 달리 변통할 줄 모르고 어리석게 한 가지만 기다리는 융통성 없는 일.
수즉다욕(壽則多辱) 나이를 먹어 오래 살면, 그만큼 좋지 않은 일도 많이 겪는다는 뜻.
수화불통(水火不通) 물과 불이 서로 상극인 것처럼 서로 사귀어 오던 사이를 끊고 아주 사이가 나빠짐을 이르는 말.
숙맥불변(菽麥不辨) 어리석고 못난 사람을 비유하여 이르는 말.
순결무구(純潔無垢) 마음과 몸가짐이 깨끗하여 조금도 더러운 티가 없음.
순망치한(脣亡齒寒) 입술이 없으면 이가 시리다는 말로, 자기가 의지하던 사람이 없으면 다른 한쪽도 위험하다는 뜻.
술이부작(述而不作) 그 전에 있었던 일을 말하고 있는 것으로 새로 창안한 것이 아니라는 말.
승승장구(乘勝長驅) 싸움에서 이긴 기세를 타고 계속 적을 몰아침.
시시각각(時時刻刻) 시간이 흐름에 따라 시각마다.
시시비비(是是非非) 옳고 그름을 가리어 밝힘.

시위소찬(尸位素餐) 직책을 다하지 못하면서 한갓 자리만 차지하고 공으로 녹만 받아먹음을 비유하여 이르는 말.

시종여일(始終如一) 처음이나 나중이 한결같아서 변함없음. 始終一貫(시종일관)

시비곡직(是非曲直) 옳고 그르고 굽고 곧음.

식소사번(食少事煩) 먹을 것은 적고 할 일은 많음.

식자우환(識字憂患) 아는 것이 탈이라는 말로 학식이 있는 것이 도리어 근심을 사게 됨을 말함. 아는 것이 병이다.

신상필벌(信賞必罰) 공이 있는 사람에게 반드시 상을 주고, 죄가 있는 사람에게는 반드시 벌을 줌.

신언서판(身言書判) 사람됨을 판단하는 네 가지 기준. 신수(身手)와 말씨와 문필과 판단력을 일컬음.

신진대사(新陳代謝) 묵은 것이 없고 새것이 대신 생김.

신출귀몰(新出鬼沒) 귀신과 같이 홀연히 나타났다가 홀연히 사라짐.

실사구시(實事求是) 사실을 토대로 하여 진리를 구함.

실천궁행(實踐躬行) 말로 하지 않고 실천하며, 남에게 시키지 않고 몸소 행함.

심기일전(心機一轉) 어떤 계기로 그 전까지의 생각을 뒤집듯이 바꿈.

심사숙고(深思塾考) 깊이 생각하고 곧 신중을 기하여 곰곰이 생각함.

십년지계(十年之計) 십년의 큰 계획.(나무를 심는 일.)

십년지기(十年知己) 여러 해 친하게 사귀어 온 친구.

십시일반(十匙一飯) 열 사람이 한 술씩 보태면 한 사람 먹을 분량이 된다. 여러 사람이 힘을 합하면 한 사람을 돕기는 쉽다는 말.

아가사창(我歌查唱) 내가 부를 노래를 사돈이 부른다는 뜻으로, 책망을 들을 사람이 도리어 책망한다는 말.
아비규환(阿鼻叫喚) 지옥 같은 고통에 못 견디어 구원을 부르짖는 소리. 심한 참상을 말함.
아전인수(我田引水) 제 논에 물대기, 자기에게 유리하도록 행동하는 것.
↔ 역지사지(易地思之)
아치고절(雅致高節) 매화.
악전고투(惡戰苦鬪) 죽을 힘을 다하여 몹시 싸움.
안고수비(眼高手卑) 눈은 높으나 손은 낮음. 곧 뜻은 크고 높으나 실력이 없어 그 높은 뜻을 성취하지 못한다는 말.
안면부지(顔面不知) 만난 일이 없어 얼굴을 모름, 또는 모르는 사람.
안분지족(安分知足) 편한 마음으로 제 분수를 지키며 만족을 앎. 안빈낙도(安貧樂道)
안빈낙도(安貧樂道) 구차한 중에도 편한 마음으로 도를 즐김.
안여태산(安如泰山) 편안하기가 태산과 같음.

안중무인(眼中無人) 눈 속에 사람이 없다는 뜻으로, 스스로 교만하여 다른 사람을 업신여김. 안하무인(眼下無人)

안중지인(眼中之人) 정든 사람. 눈앞에 있는 사람을 가리켜 말하기도 하고, 눈앞에 없어도 평생 사귄 사람을 가리키기도 함.(두보의 시.)

안하무인(眼下無人) 눈 아래 사람이 없음. 곧 교만하여 사람을 업신여김.

암중모색(暗中摸索) 물건을 어둠 속에서 더듬어 찾음, 즉 어림으로 추측함.

앙급지어(殃及池魚) 애매한 화를 입는다는 말.

앙천대소(仰天大笑) 하늘을 보며 크게 웃는 웃음.

애매모호(曖昧模糊) 사물의 이치가 희미하고 분명치 않음.

애이불비(哀而不悲) 속으로는 슬프지만 겉으로 슬픔을 나타내지 아니함.

애지중지(愛之重之) 매우 사랑하고 귀중히 여김.

야반무례(夜半無禮) 어두운 곳에서는 예의를 갖추지 못한다는 뜻.

약롱지물(藥籠之物) 약과 같이 필요한 인물이라는 뜻.

약방감초(藥房甘草) 무슨 일이나 빠짐없이 끼임, 반드시 끼어야 할 사물.

약육강식(弱肉强食) 약한 놈이 강한 놈에게 먹힘.

양금택목(良禽擇木) 좋은 새는 나무를 가려서 앉는다는 뜻. 사람도 사귀고 의지할 친구는 덕 있는 사람으로 택하여야 한다.

양두구육(羊頭狗肉) 양의 머리를 내걸고 개고기를 판다. 겉은 훌륭하나 속은 변변치 못함. 구밀복검(口蜜腹劍), 면종복배(面從腹背), 표리부동(表裏不同)

양상군자(梁上君子) 들보 위의 군자라는 뜻으로 도둑을 미화한 말.

양수겸장(兩手兼將) 하나의 표적에 대하여 두 방향에서 공격해 들어감.

양질호피(羊質虎皮) 알맹이는 양이고 가죽은 호랑이. 거죽은 훌륭하나 실속이 없음을 일컫는 말.

양호유환(養虎遺患) 호랑이를 길러 근심을 남김. 스스로 화를 자초했다는 뜻.

어동육서(魚東肉西) 제사 음식을 진설할 때, 어찬(魚饌)은 동쪽에 육찬(肉饌)은 서쪽에 놓는 순서.

어두육미(魚頭肉尾) 물고기는 머리 부분이, 짐승은 꼬리가 맛있다는 뜻.

어로불변(魚魯不辨) '어(魚)'자와 '로(魯)'자를 구별하지 못함. 매우 무식함.

어부지리(漁父之利) 도요새가 조개를 쪼아 먹으려다가 둘 다 물리어 서로 다투고 있을 때 어부가 와서 둘을 잡아갔다는 고사에서 나온 말. 둘이 다투는 사이에 제삼자가 이득을 보는 것. 견토지쟁(犬兔之爭), 방휼지쟁(蚌鷸之爭)

어불성설(語不成說) 말이 이치에 맞지 않음.

어유부중(魚遊釜中) 고기가 솥 속에서 논다 함이니 목숨이 붙어 있다 할지라도 오래 가지 못할 것을 비유하는 말.

어이아이(於異阿異) 같은 말이라도 표현하는데 따라서 그 맛이 전혀 다르다. 어 다르고 아 다르다.

억조창생(億兆蒼生) 수많은 백성, 수많은 세상 사람.

억하심장(抑何心腸) 무슨 생각만으로 일을 미루어 생각하는 일.

언문일치(言文一致) 실제로 쓰는 말과 글이 꼭 같음.

언어도단(言語道斷) 어처구니가 없어 할 말이 없음.

언중유골(言中有骨) 예사로운 말 속에 깊은 뜻이 있는 것을 말함.

언즉시아(言則是也) 말이 사리에 맞음.

언행일치(言行一致) 말과 행동이 일치함.

엄동설한(嚴冬雪寒) 눈이 오는 몹시 추운 겨울.

엄이도령(掩耳盜鈴) 귀를 막고 방울을 훔친다는 뜻으로, 다 드러난 것을 얕은 수로 속이고자 함의 비유.

여도지죄(餘桃之罪) 같은 행동이라도 사랑을 받을 때와 미움을 받을 때가 각기 다르게 받아들여질 수 있다는 것을 비유하는 말.

여리박빙(如履薄氷) 엷은 얼음을 밟는 듯 매우 위험한 것을 뜻함.

여민동락(與民同樂) 임금과 백성이 함께 즐김.

여산진면(廬山眞面) 사물의 진상이나 사람의 속셈을 잘 알 길이 없다는 말.

여실일비(與失一臂) 한쪽 팔을 잃었다는 뜻이니 가장 믿고 힘이 되는 사람을 잃은 것을 비유하는 말.

역려과객(逆旅過客) ① 지나가는 나그네와 같이 관계가 없는 사람.
② 세상은 여관과 같고 인생은 이 여관에서 잠시 머무는 나그네와 같다는 뜻.

역자교지(易子敎之) 나의 자식과 남의 자식을 바꾸어 교육함으로, 부자(父子)의 사이는 잘못을 꾸짖기 어렵다는 뜻.

역지사지(易地思之) 처지를 바꾸어 생각함.

연목구어(緣木求魚) 나무에 올라가 고기를 구함. 불가능한 일을 하고자 할 때를 비유.

연저지인(吮疽之仁) 장수가 자기 부하의 종기를 입으로 빨아서 고쳤다는 옛일에서 유래된 말로, 장군이 부하를 지극히 사랑함을 이르는 말.

연전연승(連戰連勝) 싸울 때마다 번번이 이김.

연옹연치(吮癰吮痔) 등창을 빨고 치질을 핥아준다는 뜻으로, 남에게 천하게 아첨하면서도 부끄러운 줄 모른다는 뜻.

연하고질(煙霞痼疾) 자연의 아름다운 경치를 사랑하는 마음이 대단히 강해서 마치 고치지 못한 병이 든 것 같음을 비유해서 이르는 말. 연하벽(煙霞癖)

염량세태(炎凉世態) 권세가 있을 때는 아첨하여 좇고, 권세가 없어지면 푸대접하는 세속의 인심.

염화시중(拈華示衆) 마음에서 마음으로 전함.

영고성쇠(榮枯盛衰) 사람의 일생이 성(盛)하기도 하고 쇠(衰)하기도 한다는 뜻.

영만지구(盈滿之咎) 차면 기운다는 이치로 만사가 다 이루어졌을 때에는 도리어 화를 가져옴을 비유.

오리무중(五里霧中) 오리나 되는 안개 속과 같이 희미하고 애매하여 길을 찾기 어려움의 비유.

오매불망(寤寐不忘) 밤낮으로 자나 깨나 잊지 못함.

오불관언(吾不關焉) 나는 상관하지 아니함.

오비삼척(吾鼻三尺) 자기 사정이 다급하여 남에게 신경 쓸 여유가 없다. 내 코가 석자다.

오비이락(烏飛梨落) 까마귀 날자 배 떨어진다. 우연의 일치로 남의 의심을 받는 것.

오상고절(傲霜孤節) 서릿발 날리는 추위에도 굴하지 않고 외로이 지키는 절개. 국화를 말함.

오우천월(吳牛喘月) 오나라 소가 달을 보고 헐떡거린다는 말. 우리 속담의 '자라 보고 놀란 가슴 솥뚜껑 보고 놀란다.'는 것과 같은 뜻이다.

오월동주(吳越同舟) 오나라 사람과 월나라 사람이 한 배를 탐. 사이가 좋지 못한 사람끼리도 자기의 이익을 위해서는 행동을 같이 함.

오합지졸(烏合之卒) 까마귀 떼가 모인 것처럼 질서도 통일도 없이 모인 무리. 어중이떠중이 무리를 말함.

오장육부(五臟六腑) 내장의 총칭.

옥골선풍(玉骨仙風) 뛰어난 풍채와 골격.

옥상가옥(屋上加屋) 지붕 위에 또 지붕을 얹는다는 말로, 공연한 헛수고나 필요 없는 일을 이중으로 함을 말함.

옥석구분(玉石俱焚) 착한 사람이나 악한 사람이 다같이 화를 당함.

옥석혼효(玉石混淆) 옥과 돌이 한데 뒤섞여 있다. 좋은 것, 나쁜 것이 같이 있어 호악을 구분 못 함을 뜻함.

와각지쟁(蝸角之爭) 달팽이 촉각 위에서 두 나라가 서로 다툰다는 뜻으로, 극히 하찮은 일로 다투는 일.

와신상담(臥薪嘗膽) 섶에 누워 쓸개를 씹는다는 뜻으로 원수를 갚고자 고생을 참고 견딤.

왈가왈부(曰可曰否) 옳거니 그르니 하고 말함.

외유내강(外柔內剛) 겉으로 보기에는 부드러우나 속은 꿋꿋하고 강함. ↔ 외강내유(外剛內柔)

외허내실(外虛內實) 겉으로는 보잘것없으나 속으로는 충실함.

요령부득(要領不得) 사물의 요긴하고 으뜸되는 줄거리를 잡을 수가 없음. 말이나 글의 요령을 잡을 수 없음을 이르는 말.

요산요수(樂山樂水) 지자요수 인자요산(智者樂水 仁者樂山)의 준말. 지혜 있는 자는 사리에 통달하여 물과 같이 막힘이 없으므로 물을 좋아하고, 어진 자는 의리에 밝고 산과 같이 중후하여 변하지 않으므로 산을 좋아한다는 뜻.

요조숙녀(窈窕淑女) 마음씨가 얌전하고 자태가 아름다운 여자.

요지부동(搖之不動) 흔들어도 꼼짝 않음.

욕속부달(欲速不達) 일을 속히 하고자 하면 도리어 이루지 못함.

용두사미(龍頭蛇尾) 시작은 굉장하고 훌륭하나 끝이 흐지부지하고 좋지 않음.

용미봉탕(龍尾鳳湯) 맛이 썩 좋은 음식을 가리키는 말.

용사비등(龍蛇飛騰) 살아 움직이듯이 매우 활기 있게 잘 쓴 필력을 이름.

용의주도(用意周到) 마음의 준비가 두루 미쳐 빈틈이 없음.

우공이산(愚公移山) 남이 보기엔 어리석은 일처럼 보이지만 한 가지 일을 끝까지 밀고 나가면 언젠가는 목적을 달성할 수 있다는 뜻.

우도할계(牛刀割鷄) 소 잡는 칼로 닭을 잡는다는 뜻으로, 큰일을 처리할 기능을 작은 일을 처리하는 데 씀을 이르는 말.

우문현답(愚問賢答) 어리석은 질문에 현명한 대답.

우수마발(牛溲馬勃) 쇠오줌과 말똥, 곧 별반 대수롭지 않은 물건을 뜻함.

우순풍조(雨順風調) 비 오고 바람 부는 것의 때와 분량이 알맞음.

우왕좌왕(右往左往) 방향을 정하지 못하고 오락가락함.

우유부단(優柔不斷) 어물어물하기만 하고 딱 잘라 결단을 내리지 못함.

우이독경(牛耳讀經) 소귀에 경 읽기, 아무리 가르쳐도 깨닫지 못함을 비유함. 우이송경(牛耳誦經), 마이동풍(馬耳東風)

우화등선(羽化登仙) 번데기가 날개 있는 벌레로 변하듯 알몸뚱이 사람이 날개 돋쳐 신선이 되어 하늘로 올라가는 것을 말함.

우후죽순(雨後竹筍) 비 온 뒤에 죽순이 나듯 어떤 일이 일시에 많이 일어나는 것.

욱일승천(旭日昇天) 아침 해가 솟아오르듯 힘차게 발전하는 기세. 세력이 성대함.

운우지정(雲雨之情) 남녀 간의 육체적으로 어울리는 사랑.

운집무산(雲集霧散) 구름처럼 모이고 안개처럼 흩어짐. 많은 것이 모이고 흩어짐.

원교근공(遠交近功) 가까이 있는 나라는 공격하고 멀리 있는 나라와는 우의를 맺는 정책.

원입골수(怨入骨髓) 원한이 뼛속에까지 들어가 있다는 뜻으로 곧 뼈에 사무친 원한을 말한다.

월하노인(月下老人) 남녀의 인연을 맺어준다는 전설상의 노인.

월하빙인(月下氷人) 월하노인과 빙상인(氷上人)이란 말을 합쳐, 중매인을 일컬음.

위기일발(危機一髮) 거의 여유가 없는 위급한 순간.

위편삼절(韋編三絕) 공자가 읽던 책 끈이 세 번이나 끊어졌다는 것에서 유래한 것으로 열심히 공부한다는 뜻.

유구무언(有口無言) 입은 있으나 말이 없다는 뜻으로 변명을 못 함을 이름.

유능제강(柔能制剛) 부드러운 것이 강한 것을 이김.

유리걸식(流離乞食) 고향을 떠나 정처 없이 떠돌아다니는 일. 유리개걸(流離丐乞)

유만부동(類萬不同) 모든 것이 서로 같지 아니함.

유명무실(有名無實) ① 이름뿐이고 실상은 없음.
② 명예뿐이고 실지가 없는 것.

유비무환(有備無患) 미리 준비가 있으면 뒷걱정이 없다는 뜻.

유시무종(有始無終) 시작한 일의 끝맺음이 없음을 이름.

유아독존(唯我獨尊) 이 세상에는 나보다 더 높은 사람이 없다고 뽐냄.

유야무야(有耶無耶) 있는지 없는지 모르게 희미함.

유유상종(類類相從) 같은 무리 또는 종류끼리 서로 내왕하며 사귐.

유일무이(唯一無二) 오직 하나뿐 둘도 없음.

유언비어(流言蜚語) 근거 없는 좋지 못한 말.

유유자적(悠悠自適) 속세를 떠나 아무 속박 없이 조용하고 편안하게 삶.

유종지미(有終之美) 끝맺음을 잘 마무리하는 것.

육탈골립(肉脫骨立) 몸에 살이 몹시 빠져 뼈만 남도록 마름.

은감불원(殷鑑不遠) 은나라의 거울은 멀지 않다. 이전의 실패를 자신의 거울로 삼아 경계하라는 것.

은인자중(隱忍自重) 괴로움을 참고 몸가짐을 조심함.

을축갑자(乙丑甲子) 갑자을축이 바른 차례인데 그 차례가 바뀜과 같이 일이 제대로 안 되고 순서가 바뀜.

음담패설(淫談悖說) 음탕하고 상스러운 이야기.

음덕양보(陰德陽報) 남모르게 덕을 쌓은 사람은 뒤에 그 보답을 절로 받음.

음마투전(飮馬投錢) 말에게 물을 마시게 할 때 먼저 돈을 물 속에 던져서 물 값을 갚는다는 뜻으로 결백한 행실을 이름.

음풍농월(吟風弄月) 맑은 바람과 밝은 달을 노래함. 풍류를 즐긴다는 뜻.
　　　　　　　　음풍영월(吟風咏月)

읍참마속(泣斬馬謖) 눈물을 흘리며 제갈량이 마속을 베다. 사사로운 인정보다 공정한 법집행을 한 것.

응접불가(應接不暇) 경치가 뛰어나서 변화가 많음. 인사할 틈도 없이 매우 바쁜 상황.

의기양양(意氣揚揚) 뜻대로 되어 으쓱거리는 기상이 펄펄하다.

의기충천(意氣衝天) 의기가 하늘을 찌를 듯함.

이구동성(異口同聲) 입은 다르되 소리가 같음.

이덕보원(以德報怨) 원한이 있는 자에게 보복하지 않고 도리어 은혜를 베풂.

이독제독(以毒制毒) 독을 없애는데 다른 독을 사용함.

이모상마(以毛相馬) 털을 보아 말의 좋고 나쁨을 분간하듯이, 사람을 보되 그 실력을 보지 않고 다만 그 하는 말이 그럴듯함을 취한다는 뜻.

이목지신(移木之信) 임금의 신의를 일컬음.

이실직고(以實直告) 참으로써 바로 고함. 이실고지(以實告之)

이심전심(以心傳心) 말을 하지 않더라도 서로 마음이 통하여 앎. 불립문자(不立文字), 심심상인(心心相印), 교외별전(敎外別傳)

이열치열(以熱治熱) 열로써 열을 다스림.

이왕지사(已往之事) 이미 지나간 일.

이용후생(利用厚生) 세상의 편리와 살림의 이익을 꾀하는 일.

이율배반(二律背反) 꼭 같은 근거를 가지고 정당하다고 주장되는 서로 모순 되는 두 명제, 또는 그 관계.

이이제이(以夷制夷) 오랑캐로 오랑캐를 제어함. 곧 갑 나라를 이용하여 을 나라를 침.

이인동심(二人同心) 절친한 친구 사이.

이전투구(泥田鬪狗) '진창에서 싸우는 개'의 뜻으로 명분이 서지 않는 일로 몰골 사납게 싸움, 또는 굳은 의지와 투지의 사람을 뜻함.

익자삼우(益者三友) 사귀어 보탬이 되는 세 벗으로 ① 정직한 사람, ② 신의 있는 사람, ③ 학식 있는 사람 등을 말함.

인과응보(因果應報) 좋은 일에는 좋은 결과가, 나쁜 일에는 나쁜 결과가 따름.

인면수심(人面獸心) 얼굴은 사람이나 마음은 짐승과 다름없는 사람.

인명재천(人命在天) 사람의 목숨은 하늘에 달렸다.

인비목석(人非木石) 사람은 모두 희로애락(喜怒哀樂)의 감정을 가지고 있으며, 목석과 같이 무정(無情)하지 않다는 것.

인사불성(人事不省) 정신을 잃음.

인사유명(人死有名) 사람은 죽어도 이름은 남는다.

인산인해(人山人海) 사람이 헤아릴 수 없이 많이 모였음을 뜻하는 말.

인생무상(人生無常) 인생이 덧없음을 이르는 말. 인생여조로(人生如朝露)

인자무적(仁者無敵) 어진 사람에게는 적이 없음.

인자요산(仁者樂山) 어진 사람은 모든 일을 의리에 따라 행동이 진중하고 심중이 두터워 그 마음이 태산과 같으므로 산을 즐겨 함.(논어)

인지상정(人之常情) 인간으로서 가지는 보통의 인정.

일각천금(一刻千金) 극히 짧은 시간도 천금같이 귀중하고 아까움.

일거양득(一擧兩得) 한 가지 일을 하여 두 가지의 이득을 봄. 일석이조(一石二鳥)

일구월심(日久月深) 날이 오래고 달이 깊어짐. 곧 세월이 흘러 오래될수록 자꾸만 더해짐을 이르는 말.

일기당천(一騎當千) 한 사람이 천 사람을 당해냄. 아주 세고 무예가 뛰어남.

일도양단(一刀兩斷) 한칼로 쳐서 두 동강이를 냄, 머뭇거리지 않고 일이나 행동을 선뜻 결정함의 비유.

일망무제(一望無際) 아득하게 멀고 넓어서 끝이 없음.

일망타진(一網打盡) 한꺼번에 모조리 다 잡음.

일목요연(一目瞭然) 첫눈에도 똑똑하게 알 수 있음.

일문일답(一問一答) 한 가지 물음에 한 가지 대답을 함.

일보불양(一步不讓) 남에게 한 걸음도 양보하지 않음.

일부일처(一夫一妻) 한 남편에 한 아내만 있음.

일사불란(一絲不亂) 질서 정연하여 조금도 흔들림이 없음.

일사천리(一瀉千里) 말이나 일에 진행이 거침없이 빨리 죽죽 나감의 비유.

일석이조(一石二鳥) 한 가지 일에 두 가지 이로움을 얻음의 비유. 일거양득(一擧兩得)

일심동체(一心同體) 한 마음 한 몸, 곧 굳은 결속.

일어탁수(一魚濁水) 물고기 한 마리가 큰물을 흐리게 하듯 한 사람의 악행으로 인하여 여러 사람이 그 해를 받게 되는 것을 뜻함. 미꾸라지 한 마리가 온 개천을 흐려 놓는다. 일어혼전천(一魚混全川)

일언지하(一言之下) 말 한 마디로 끊음. 한 마디로 딱 잘라 말함.

일우명지(一牛鳴地) 소의 울음소리가 들릴 정도의 거리라는 뜻으로 매우 가까운 거리.

일의대수(一衣帶水) 옷의 띠와 같은 물이라는 뜻으로 좁은 강, 해협, 또는 그와 같은 강을 사이에 두고 가까이 접해 있음을 이르는 말.

일이관지(一以貫之) 하나의 줄로 꿰었다. 하나의 이치로서 모든 일을 꿰뚫었다는 것.

일장춘몽(一場春夢) 인생의 영화(榮華)는 한바탕의 봄꿈과 같이 헛됨.

일조일석(一朝一夕) 하루 아침 하루 저녁, 짧은 시간의 비유.

일진광풍(一陳狂風) 한바탕 부는 사나운 바람.

일진일퇴(一進一退) ① 앞으로 나아갔다 뒤로 물러갔다 함.
② 힘이 비슷하여 이겼다 졌다 함.

일촉즉발(一觸卽發) 조금만 닿아도 곧 폭발할 것 같은 모양, 막 일이 일어날 듯한 위험한 지경.

일촌광음(一寸光陰) 아주 짧은 시간.

일취월장(日就月將) 날마다 달마다 발전함. 일진월보(日進月步)

일편단심(一片丹心) 한 조각의 붉은 마음으로 정성, 진심을 뜻함.

일패도지(一敗塗地) 여지없이 패배하여 다시 일어날 수가 없음.

일필휘지(一筆揮之) 단숨에 글씨나 그림을 줄기차게 쓰거나 그림.

일확천금(一攫千金) 힘 안 들이고 한꺼번에 많은 재물을 얻음.

임갈굴정(臨渴掘井) 목 마른 뒤에 우물을 판다는 뜻으로, 준비 없이 갑자기 일을 당하여 허둥지둥하고 애씀.

임기응변(臨機應變) 그때그때의 일의 형편에 따라서 변통성 있게 처리함.

임시방편(臨時方便) 필요에 따라 그때 그때 정해 일을 쉽고 편리하게 치를 수 있는 수단. 임시변통(臨時變通), 임시처변(臨時處變)

임전무퇴(臨戰無退) 싸움에 임하여 물러섬이 없음.

입신양명(立身揚名) 출세하여 자기의 이름이 세상에 드날리게 됨.

자가당착(自家撞着) 자기의 언행이 전후 모순되어 들어맞지 않음.

자강불식(自强不息) 스스로 힘쓰고 쉬지 아니함.

자격지심(自激之心) 제가 한 일에 대하여 스스로 미흡한 생각을 가짐. 자굴지심(自屈之心), 자비지심(自卑之心)

자고이래(自古以來) 예로부터 지금까지.

자괴지심(自愧之心) 스스로 부끄럽게 여기는 마음.

자문자답(自問自答) 제가 묻고 제가 대답함.

자수성가(自手成家) 물려받은 재산이 없는 사람이 자신의 힘으로 한 살림을 이룩함. 자성일가(自成一家)

자승자박(自繩自縛) 자기의 줄로 자기를 묶는다는 말로 자기가 자기를 망치게 한다는 뜻.

자아성찰(自我省察) 자기의 마음을 반성하여 살핌.

자업자득(自業自得) 자기가 저지른 일의 과보를 자기 자신이 받음. 인과응보(因果應報)

자연도태(自然淘汰) 자연적으로 환경에 맞는 것은 있게 되고 그렇지 못한 것은 없어짐.

자중자애(自重自愛) 스스로 자기 몸을 소중히 여기고 아낌.

자중지란(自中之亂) 같은 패 안에서 일어나는 싸움.

자초지종(自初至終) 처음부터 끝까지의 동안이나 일.

자포자기(自暴自棄) 절망 상태에 빠져서 스스로 자신을 포기하여 돌아보지 아니함.

자화자찬(自畵自讚) 자기가 그린 그림을 칭찬한다는 말로 자기의 행위를 칭찬함. 모수자천(毛遂自薦)

작사도방(作舍道傍) 길가에 집을 지을 때 왕래하는 사람들의 의견이 많아서 잘 결정이 내려지지 않는다는 뜻.

작심삼일(作心三日) 한 번 결심한 것이 사흘을 가지 않음, 곧 결심이 굳지 못함.

장삼이사(張三李四) 장씨(張氏)의 삼남(三男)과 이씨(李氏)의 사남(四男)이란 뜻으로 평범한 사람.

장유유서(長幼有序) 어른과 아이는 차례가 있음.

장주지몽(莊周之夢) 장자가 꿈에 나비가 되었는데, 꿈에서 깨어보니 실제 자신이 나비가 된 것인지 나비가 자신이 된 것인지 분간이 가지 않았다는 고사. 호접지몽(胡蝶之夢)

재자가인(才子佳人) 재주 있는 젊은이와 아름다운 여자.

적반하장(賊反荷杖) 도둑이 매를 든다는 뜻으로 잘못한 사람이 도리어 잘한 사람을 나무라는 모습.

적소성대(積小成大) 작은 것도 쌓이면 큰 것이 된다. → 티끌 모아 태산.

적수공권(赤手空拳) 맨손과 맨주먹, 즉 '아무것도 가진 것이 없다.'라는 뜻.

적수성가(赤手成家) 매우 가난한 집에 태어나서 제 힘으로 노력하여 살림을 이룸.

적자생존(適者生存) 생물이 외계의 형편에 맞는 것은 살고 그렇지 못한 것은 전멸하는 현상.

적재적소(適材適所) 알맞은 자리에 알맞은 인재를 등용함.

적진성산(積塵成山) 티끌 모아 태산.

적토성산(積土成山) 소량의 흙도 쌓이고 쌓이면 풍우(風雨)를 일으키는 산악(山岳)이 된다는 뜻.

전가통신(錢可通神) 돈의 힘은 일의 결과를 좌우하고 사람의 처지를 변화시킨다는 말.(돈이면 귀신도 통한다.)

전광석화(電光石火) ① 극히 짧은 시간. ② 썩 빠른 동작.

전대미문(前代未問) 지금까지 들어본 일이 없는 새로운 일을 이르는 말.

전도양양(前途洋洋) 앞길이 바다와 같음, 장래가 매우 밝음.

전도요원(前道遼遠) 앞으로 갈 길이 아득히 멀어 목적한 바에 이르기에는 아직도 멂.

전무후무(前無後無) 그 전에도 없었고 앞으로도 없음. 공전절후(空前絶後)

전인미답(前人未踏) ① 이제까지의 세상 사람 그 누구도 가보지 못함.
② 이제까지의 세상 사람이 아무도 해보지 못함.

전전긍긍(戰戰兢兢) 매우 두려워하여 겁내는 모양.

전전반측(輾轉反側) 이리저리 뒤척이며 잠을 이루지 못함. 전전불매(輾轉不寐)

전정만리(前程萬里) 나이가 젊어 장래가 유망함.

전화위복(轉禍爲福) 화를 바꾸어 복으로 한다. 궂은일을 당하였을 때 그것을 잘 처리하여 좋은 일이 되게 하는 것.

절장보단(絶長補短) 긴 것을 잘라서 짧은 것에 보탠다는 뜻으로 알맞게 맞춘다는 뜻. 장점으로 단점을 보충함.

절차탁마(切嗟琢磨) 학문과 덕행을 닦음을 가리키는 말.

절치부심(切齒腐心) 몹시 분하여 이를 갈면서 속을 썩임.
절학무우(絕學無憂) 학문을 끊어버리면 근심이 없음.
점입가경(漸入佳境) 점점 더 재미있는 경지로 들어감.
정문일침(頂門一鍼) 정수리에 침을 준다, 잘못의 급소를 찔러 충고하는 것.
정위전해(精衛塡海) 정위는 조그마한 새(鳥)이름. 옛날 염제의 딸이 동해에 빠져 죽은 뒤에 정위로 화하여 항상 서산에 있는 나무와 돌을 물어다가 동해 바다를 메우려 했다 하여 가망 없는 일에 힘을 들이는 것을 뜻함.
정저지와(井底之蛙) 우물 안 개구리, 견문이 좁고 세상 물정을 모름. 정중지와(井中之蛙), 관견(管見)
제자백가(諸子百家) 춘추 전국시대의 학자와 학설.
제세안민(濟世安民) 세상을 구제하고 백성을 편안하게 함.
제월광풍(霽月光風) 도량이 넓고 시원함.
제행무상(諸行無常) 우주 만물은 고정 불변하는 실체가 없어서 끊임없이 변화하여 잠시도 그대로 머물러 있지 않는다는 불교의 근본 교리.(인생의 덧없음.)
조강지처(糟糠之妻) 가난을 참고 고생을 같이하며 남편을 섬긴 아내.
조궁즉탁(鳥窮則啄) 새가 쫓겨 진퇴가 궁하면 도리어 상대를 주둥이로 쪼음, 약한 자도 궁지에 빠지면 강적을 해침.
조령모개(朝令暮改) 법령을 자주 바꿔서 종잡을 수 없음을 비유하는 말.
조변석개(朝變夕改) 아침에 고치고 저녁에 또 고침, 일을 자주 뜯어고침.

조삼모사(朝三暮四) ① 간사한 꾀로 사람을 속여 희롱함. ② 눈앞에 당장 나타나는 차별만을 알고 그 결과가 같음을 모름.

조운모우(朝雲暮雨) 아침에는 구름이 되고 저녁에는 비가 된다 함은 남녀 간의 애정이 깊음을 비유한 말.

조족지혈(鳥足之血) 새 발의 피라는 뜻으로 매우 적은 분량을 이르는 말.

족탈불급(足脫不及) 발 벗고 뛰어도 미치지 못한다는 데서, 능력이나 재질, 역량 따위에 뚜렷한 차이가 있음.

종두득두(種豆得豆) 원인에 따라 결과가 나옴.

좌고우면(左顧右眄) 좌우를 자주 둘러본다는 뜻으로, 무슨 일에 얼른 결정을 짓지 못함을 비유함.

좌불안석(坐不安席) 불안·초조·공포 따위로 한자리에 진득하게 앉아 있지 못함.

좌정관천(坐井觀天) 우물 안 개구리, 세상 물정을 너무 모름. 이관규천(以管窺天), 정저지와(井底之蛙), 정중지와(井中之蛙)

좌지우지(左之右之) ① 제 마음대로 자유롭게 처리함.
② 남을 마음대로 지휘함.

좌충우돌(左衝右突) 이리저리 마구 치고 받음.

주객전도(主客顚倒) 주인은 손님처럼 손님은 주인처럼 행동한다는 뜻으로 입장이 뒤바뀐 것.

주경야독(晝耕夜讀) 낮에는 밭을 갈고 밤에는 글을 읽음.

주과포혜(酒果脯醯) 술, 과일, 포, 식혜. 곧 제사에 쓰는 음식.

주마가편(走馬加鞭) 달리는 말에 채찍을 더한다는 뜻으로 잘하는 사람에게 더 잘하도록 함.

주마간산(走馬看山) 말을 달리면서 산을 본다는 말로 바빠서 자세히 보지 못하고 지나침을 뜻함.

주야장천(晝夜長川) 밤낮으로 쉬지 않고 늘 잇달음.

죽장망혜(竹杖芒鞋) 가장 간단한 보행이나 여행의 차림.

주지육림(酒池肉林) 술은 못을 이루고 고기는 숲을 이룬다는 뜻으로, 매우 호화스럽고 방탕한 생활을 뜻함.

죽림칠현(竹林七賢) 중국 위(魏)나라 말엽, 진(晉)나라 초기에 허무를 주장하며 죽림에서 술을 마시며 청담(淸談)을 나누며 지내던 유영을 비롯한 일곱 선비.

죽마고우(竹馬故友) 죽마를 타고 놀던 벗, 곧 어릴 때 같이 놀던 친한 친구.

중과부적(衆寡不敵) 적은 수효로는 많은 수효를 대적하지 못한다는 뜻.

중구난방(衆口難防) 뭇사람의 말을 이루 다 막기는 어렵다는 뜻.

중언부언(重言復言) 한 말을 자꾸 되풀이함.

중용지도(中庸之道) 마땅하고 떳떳한 도리, 극단에 치우치지 않고 평범함.

중원축록(中原逐鹿) 중원은 중국 또는 천하를 말하며 축록은 서로 경쟁한다는 말. 영웅들이 다투어 천하는 얻고자 함을 뜻함.

중인환시(衆人環視) 많은 사람들이 둘러서서 봄.

즐풍목우(櫛風沐雨) 어지러운 세상에서 어려움과 고생을 참고 견디며 일에 골몰한다는 말. (바람에 빗질하고 비에 몸을 씻음.)

지동지서(之東之西) 동으로 갔다 서로 갔다 함. 곧, 어떤 일에 주관이 없이 갈팡질팡함을 이르는 말.

지란지교(芝蘭之交) 벗 사이에 좋은 감화를 주고받으며 서로 이끌어 나가는 고상한 교제.

지록위마(指鹿爲馬) 사슴을 가리켜 말이라고 우긴다는 뜻으로, 위압으로 남을 바보로 만들거나 그릇된 일로 남을 속여 죄에 빠뜨리는 일을 말함. 윗사람을 농락하여 권세를 마음대로 휘두르는 것을 말함.

지리멸렬(支離滅裂) 이리저리 체계가 없이 흩어져 갈피를 잡을 수 없음.

지성감천(至誠感天) 지극한 정성에 하늘이 감동함.

지어지앙(池魚之殃) 못물로 불을 끄면 물이 말라서 고기에게까지 재앙이 미친다는 뜻으로 아무 까닭 없이 입는 재앙.

지자요수(智者樂水) 지식이 있는 사람은 막히는 데가 없으므로 거침없이 흐르는 물을 좋아함. 인자요산(仁者樂山)

지족불욕(知足不辱) 모든 일에 분수를 알고 만족하게 생각하면 모욕을 받지 않는다.

지척천리(咫尺千里) 서로 지척같이 가까운데 있으나 소식이 없는 고로 서로의 거리가 천리나 되는 것과 같다는 뜻.

지피지기(知彼知己) 저쪽 형편도 알고 자기네 형편도 앎.

지필연묵(紙筆硯墨) 종이, 붓, 벼루, 먹의 네 가지를 함께 일컬음. 문방사우(文房四友)

지행일치(知行一致) 아는 것과 행함이 같아야 함. 지행합일(知行合一)
지호지간(指呼之間) 손짓해 부를 만한 가까운 거리. 지척지간(咫尺之間)
진수성찬(珍羞盛饌) 맛이 좋은 음식으로 많이 잘 차린 것을 뜻함.
진퇴양난(進退兩難) 나아갈 수도 물러설 수도 없는 궁지에 몰린 경우. 진퇴유곡(進退維谷)
진퇴유곡(進退維谷) 가지도 오지도 못할 곤경에 빠짐.

차일피일(此日彼日) 일을 핑계하고 자꾸 기일을 늦춤.
차재두량(車載斗量) 차에 싣고 말로 된다는 뜻으로 물건이 대단히 많음을 비유.
창상지변(滄桑之變) 푸른 바다가 변하여 뽕나무밭이 된다는 뜻이니, 인간 세상의 모든 일이 신속하게 변함을 이르는 말. 상전벽해(桑田碧海), 창해상전(滄海桑田)
창졸지간(倉卒之間) 미처 어찌할 수도 없는 사이.
창해일속(滄海一粟) 넓은 바다에 떠 있는 한 알의 좁쌀, 아주 큰 물건 속의 아주 작은 물건. 구우일모(九牛一毛)
처성자옥(妻城子獄) 아내의 성(城)과 자식의 감옥에 갇혔다는 뜻이니, 처자가 있는 사람은 집안일에 완전히 얽매여서 다른 일에 꼼짝도 할 수 없음을 이름.

천고마비(天高馬肥) 하늘이 높고 말이 살찐다는 뜻으로 가을철을 일컫는 말.

천공해활(天空海闊) ① 하늘이 끝이 없고 바다가 넓음.
② 도량이 넓고 기상이 웅대함.

천금매소(千金買笑) 천금을 주고 사랑하는 여자를 웃게 한다. 주지육림(酒池肉林)과 더불어 망국의 짓 중 하나임.

천려일득(千慮一得) 바보도 한 가지쯤은 좋은 생각이 있다는 뜻.

천려일실(千慮一失) 지혜로운 사람도 많은 생각 가운데는 미처 생각하지 못하는 것이 있음.

천방지축(天方地軸) ① 너무 바빠서 두서를 잡지 못하고 허둥대는 모습.
② 어리석은 사람이 갈 바를 몰라 두리번거리는 모습.
③ 분별없이 함부로 덤비는 상태.

천붕지괴(天崩地壞) 하늘이 무너지고 땅이 꺼짐, 임금이나 부모의 상을 당할 때 쓰는 말.

천생배필(天生配匹) 하늘이 맺어준 배필.

천신만고(千辛萬苦) 온갖 고생, 무진 애를 씀.

천우신조(天佑神助) 하늘이 돕고 신이 도움.

천의무봉(天衣無縫) 천사의 옷은 기운 데가 없다는 말로, 곧 문장이 훌륭하여 손댈 곳이 없을 만큼 잘 되었음을 가리키는 말.

천인공노(天人共怒) 하늘과 땅이 함께 분노한다. 도저히 용서 못함을 비유.

천인단애(千仞斷崖) 천 길이나 되는 깎아지른 듯한 벼랑.

천재일우(千載一遇) 천년에 한 번 만나는 아주 드문 좋은 기회. 천세일시(千歲一時)

천재지변(天災地變) 하늘이나 땅에서 일어나는 재난이나 변사.

천정부지(天井不知) 물가가 자꾸 오름을 이르는 말.

천지신명(天地神明) 조화를 맡은 신령.

천진난만(天眞爛漫) 조금도 꾸밈없이 아주 순진하고 참됨.

천편일률(千篇一律) 변함 없이 모든 사물이 똑같음.

천하태평(天下泰平) 온 세상이 태평하여 세상 근심 모르고 편안함.

천학비재(淺學菲才) 배운 바가 얕고 재주가 없다는 뜻으로, 자기 학식을 겸손하게 이르는 말.

철두철미(徹頭徹尾) 머리에서 꼬리까지 투철함, 즉 처음부터 끝까지 투철함.

철중쟁쟁(鐵中錚錚) 같은 또래에서 뛰어난 사람을 이르는 말.

철천지원(徹天之冤) 하늘에서 사무치도록 크나큰 원한.

청산유수(靑山流水) 청산에 흐르는 물, 거침없이 잘하는 말에 비유.

청운만리(靑雲萬里) 푸른 꿈은 멀고 큼.

청운지지(靑雲之志) 뜻이 고결함. 보통이 아닌 큰 뜻, 입신 출세에 대한 야망이나 출세하고자 하는 뜻.

청천벽력(靑天霹靂) 맑게 갠 하늘에서 치는 벼락, 곧 뜻밖에 생긴 변을 일컫는 말.

청출어람(靑出於藍) 쪽 풀에서 뽑아낸 푸른 물감이 쪽빛보다 더 푸르다는 뜻으로 제자가 스승보다 낫다는 말.

초근목피(草根木皮) ① 풀뿌리와 나무껍질. ② 한약의 재료. ③ 보잘것없이 궁색한 음식.

초동급부(樵童汲婦) 나무하는 아이와 물긷는 아낙네. 보통사람

초록동색(草綠同色) 서로 같은 처지나 같은 부류의 사람들끼리 함께 함을 이름. 유유상종(類類相從)

초미지급(焦眉之急) 눈썹이 타게 될 만큼 위급한 상태, 그대로 둘 수 없는 매우 다급한 일이나 경우를 뜻함. 소미지급(燒眉之急)

초지일관(初志一貫) 처음 품은 뜻을 한결같이 꿰뚫음.

촌철살인(寸鐵殺人) 간단한 말로 사물의 가장 요긴한 데를 찔러 듣는 사람을 감동시킴.

추고마비(秋高馬肥) 가을이 깊어감에 따라 하늘이 높고 말이 살찐다는 뜻으로, 좋은 계절인 가을을 이르는 말.

추풍낙엽(秋風落葉) 시들어 떨어지거나 헤어져 흩어짐의 비유.

춘추필법(春秋筆法) ① 5경의 하나인 춘추와 같이 비판의 태도가 썩 엄정함을 이르는 말.
② 대의명분을 밝히어 세우는 사실의 논법.

춘치자명(春雉自鳴) 봄철의 꿩이 스스로 운다, 시키거나 요구하지 아니하여도 제풀에 하는 것.

출이반이(出爾反爾) 자신에게서 나온 것은 자신에게 돌아감. 인과응보(因果應報)

출장입상(出將入相) 문무가 다 갖추어진 사람.

충언역이(忠言逆耳) 충고하는 말은 귀에 거슬린다는 뜻.

취사선택(取捨選擇) 취하고 버려 선택함.

취모멱자(吹毛覓疵) 털 사이를 불어가면서 흠을 찾음이니 남의 결점을 억지로 낱낱이 찾아내는 것을 말함.

취생몽사(醉生夢死) 술에 취한 듯 살다가 꿈을 꾸듯이 죽는다는 뜻으로, 아무 의미 없이 이룬 일도 없이 한평생을 흐리멍텅하게 살아감을 비유하여 이르는 말.

측은지심(惻隱之心) 불쌍히 여기는 마음.

치산치수(治山治水) 산과 물을 잘 다스려서 그 피해를 막음.

치인설몽(痴人說夢) 어리석은 사람이 꿈 이야기를 한다는 뜻으로, '종잡을 수 없이 허황한 말을 지껄임'을 이르는 말.

칠거지악(七去之惡) 아내를 내쫓을 일곱 가지 조건을 이르는 말로, 시부모에 불순·자식을 못 낳음·행실이 바르지 못함·질투·나쁜 병·말썽·도둑질 등이다.

칠전팔기(七顚八起) 일곱 번 넘어졌다가 여덟 번째 일어남, 여러 번 실패해도 굽히지 않고 분투함을 일컫는 말.

칠종칠금(七縱七擒) 제갈공명의 전술로 일곱 번 놓아주고 일곱 번 잡는다는 말로 자유자재로운 전술.

침소봉대(針小棒大) 바늘을 몽둥이라고 말하듯 과장해서 말하는 것.
침어낙안(沈魚落雁) 여자의 아름다움을 나타낸 말이다. 고기를 물 속으로 가라앉게 하고 기러기를 땅으로 떨어지게 할 만큼 아름답다는 뜻이 되겠는데. 얼핏 이해하기 어려운 말이다.

ㅋ

쾌도난마(快刀亂麻) 어지럽게 뒤엉킨 일을 명쾌하게 정리함.

ㅌ

타산지석(他山之石) 다른 산에서 난 나쁜 돌도 자기의 구슬을 가는 데에 소용이 된다. 다른 사람의 하찮은 언행일지라도 자기의 지덕을 연마하는 데에 도움이 된다는 말.
탁상공론(卓上空論) 실현성이 없는 허황된 이론.
탐관오리(貪官汚吏) 탐욕이 많고 마음이 깨끗하지 못한 관리.
탐화봉접(探花蜂蝶) 꽃을 찾는 벌과 나비, 계집을 좋아하는 사람.
태산북두(泰山北斗) 태산과 북두칠성을 여러 사람이 우러러보듯이 남에게 존경받는 뛰어난 존재.
태연자약(泰然自若) 침착하여 조금도 마음이 동요되지 아니하는 모양.

태평연월(太平烟月) 세상이 평화롭고 안락한 때.

토사구팽(兎死狗烹) 토끼가 죽으면 사냥개를 삶는다는 말로, 일이 있을 때는 실컷 부려먹다가 일이 끝나면 돌보지 않고 학대한다는 뜻.

토영삼굴(兎營三窟) 토끼집은 입구가 세 개라는 말로. 자신의 안전을 위하여 미리 몇 가지 술책을 마련함.

토포악발(吐哺握髮) 어진 사람을 우대하기에 몹시 바쁜 모양으로 정무를 보살피기에 잠시도 편안함이 없음의 비유.

ㅍ

파란만장(波瀾萬丈) 일의 진행에 변화가 심함.

파사현정(破邪顯正) 사악한 것을 버리고 정도를 드러냄.

파안대소(破顔大笑) 근엄한 얼굴 표정을 깨고 크게 웃음.

파죽지세(破竹之勢) 대쪽을 쪼개는 듯한 거침없는 형세.

팔방미인(八方美人) 어느 모로 보아도 아름다운 미인, 여러 방면의 일에 능통한 사람을 가리킴.

패가망신(敗家亡身) 가산을 다 써서 없애고 몸을 망침.

팽두이숙(烹頭耳熟) 머리를 삶으면 귀까지 삶아진다는 뜻으로 중요한 것만 해결하면 나머지는 따라서 해결됨.

평지풍파(平地風波) 뜻밖에 일어나는 분쟁.

포락지형(炮烙之刑) 구리 기둥을 숯불 위에 놓고 죄인이 건너다가 미끄러져 떨어지면 숯불에 타 죽게 하는 형벌.

포벽유죄(抱璧有罪) 값비싼 보물을 가지고 있으면 죄가 없어도 화를 입게 된다는 말.

포복절도(抱腹絕倒) 배를 안고 몸을 가누지 못할 정도로 몹시 웃음.

포식난의(飽食暖衣) 배불리 먹고 따뜻하게 입음.

포의한사(布衣寒士) 벼슬이 없는 가난한 선비.

포호빙하(咆虎馮河) 맨주먹으로 범을 잡고 걸어서 강을 건넌다, 만용을 믿고 되는 대로 행동하는 것. 용기는 있으나 무모하게 행동함.

표리부동(表裏不同) 겉과 속이 다름.

풍비박산(風飛雹散) 사방으로 날려서 흩어지다.

풍성학려(風聲鶴唳) 바람소리와 학의 울음소리라는 뜻으로, 겁을 집어먹은 사람이 하찮은 일에도 놀람을 가리키는 말.

풍수지탄(風樹之嘆) 부모가 돌아가신 뒤에 효도하지 못한 것을 후회함.

풍전등화(風前燈火) 바람 앞에 켠 등불. 매우 위급한 경우에 놓여 있음을 가리키는 말.

풍찬노숙(風餐露宿) 바람과 이슬을 무릅쓰고 한데서 먹고 잠. 큰일을 이루려는 사람의 고초를 겪는 모양.

피해망상(被害妄想) 남이 자기에게 해를 입힌다고 생각하는 일.

필부필부(匹夫匹婦) 평범한 남자와 평범한 여자.

필부지용(匹夫之勇) 좁은 소견을 가지고 어떤 계획이나 방법도 없이 혈기
만을 믿고 마구 날뛰는 행동을 뜻함.

하로동선(夏爐冬扇) 여름의 화로와 겨울의 부채라는 뜻으로 쓸모없는 재
능을 말함.

하석상대(下石上臺) 아랫돌 빼서 윗돌 괴고 윗돌 빼서 아랫돌 괴기. 임시
변통으로 이리저리 둘러맞춤.

하후상박(下厚上薄) 아랫사람에게는 후하게 하고 윗사람에게는 박하게 함.

학수고대(鶴首苦待) 학의 목처럼 목을 길게 늘여 몹시 기다린다는 뜻.

학여불급(學如不及) 학업을 언제나 모자란 듯이 여김.

한강투석(漢江投石) 한강에 돌 던지기. 지나치게 미미하여 전혀 효과가
없음을 비유.

한단지몽(邯鄲之夢) 한단에서 여옹이 낮잠을 자면서 꾼 꿈에서 유래한 말
로, 사람의 일생에서 '부귀란 덧없다.'는 뜻. 일장춘
몽(一場春夢), 남가지몽(南柯之夢)

한단지보(邯鄲之步) 자기 것을 잃음을 비유. 자기의 본분을 잊고 함부로
남의 흉내를 내면 두 가지를 다 잃음을 비유한 말.

한우충동(汗牛充棟) 책을 실은 수레를 끄는 소가 흘리는 땀이 많다는 뜻
으로 책이 많다는 말.

함구무언(緘口無言) 입을 다물고 아무런 말이 없음. 함구불언(緘口不言)

함포고복(含哺鼓腹) 배불리 먹고 즐겁게 지냄. 태평성대(太平盛代), 고복격양(鼓腹擊壤)

함흥차사(咸興差使) 심부름을 시킨 뒤 아무 소식이 없거나 회답이 더디 올 때 쓰는 말.

합장배례(合掌拜禮) 두 손바닥을 마주 대고 절함.

항룡유회(亢龍有悔) 부귀가 극도에 달하면 패망할 위험이 있으니 조심해야 한다는 의미.

해로동혈(偕老同穴) 부부가 함께 늙고, 죽어서는 한 곳에 묻힘. 곧 생사를 같이하는 부부의 사랑 맹세.

허례허식(虛禮虛飾) 예절, 법식 등을 겉으로만 꾸며 번드레하게 하는 일.

허무맹랑(虛無孟浪) 터무니없이 허황되고 실상이 없음.

허심탄회(虛心坦懷) 마음속에 아무런 사념 없이 품은 생각을 터놓고 말함.

허장성세(虛張聲勢) 헛소문과 헛 형세만 떠벌임.

허허실실(虛虛實實) ① 계략이나 수단을 써서 서로 상대방의 약점을 비난하여 싸움. ② 허실을 알아서 상대방의 동정을 알아냄.

헌헌장부(軒軒丈夫) 외모가 준수하고 쾌활한 남자.

현모양처(賢母良妻) 어진 어머니이면서 또한 착한 아내.

현하지변(懸河之辯) 연달아 흐르는 물과 같이 거침없이 잘하는 말. 청산유수(靑山流水), 달변(達辯), 능변(能辯) ↔ 눌변(訥辯)

혈혈단신(孑孑單身) 아무도 의지할 곳이 없는 홀몸.

형설지공(螢雪之功) 중국 진나라의 차윤이 반딧불로 글을 읽고 손강은 눈(雪)의 빛으로 글을 읽었다는 고사에서 온 말로 고생해서 공부한 공이 드러남을 비유. 형창설안(螢窓雪案)

형우제공(兄友弟恭) 형은 아우를 사랑하고 아우는 형을 공경해야 한다.

호가호위(狐假虎威) 여우가 범의 위세를 빌려 호기를 부린다는 뜻으로, 남의 세력을 빌어 위세를 부림.

호구지책(糊口之策) ① 살아갈 방법. ② 그저 먹고 살아가는 방책.

호미난방(虎尾難放) 잡았던 범의 꼬리를 놓기가 어렵다는 뜻으로, 위험성이 있는 일을 비롯한 바에 '그대로 나가기도 어렵고 그만두기도 어려움'을 가리키는 말.

호부견자(虎父犬子) 호랑이 아비에 개새끼라는 뜻으로 아버지는 잘났는데 아들은 못나고 어리석다는 뜻.

호사다마(好事多魔) 좋은 일에는 방해가 되는 일이 많다는 뜻.

호사유피(虎死留皮) 범이 죽으면 가죽을 남김. 사람도 죽은 뒤 이름을 남겨야 한다는 말.

호시탐탐(虎視眈眈) 날카로운 눈으로 가만히 기회를 노려보고 있는 모양.

호언장담(豪言壯談) 실지 이상으로 보태어서 허풍스럽게 하는 말.

호연지기(浩然之氣) ① 사물에서 해방된 자유로운 마음. ② 하늘과 땅 사이에 가득 찬 넓고도 큰 원기. ③ 공명정대하게 부끄러움이 없는 도덕적 용기. ④ 사물에서 해방되어 자유스럽고 유쾌한 마음.

호의호식(好衣好食) 좋은 옷과 음식.

호접지몽(胡蝶之夢) 사물과 자신이 한 몸이 된 경지. 莊周之夢(장주지몽)

호치단순(皓齒丹脣) 아름다운 여자의 붉은 입술과 흰 이를 말한다.

호형호제(呼兄呼弟) 서로 형, 아우라 부를 정도로 가까운 친구 사이.

혹세무민(惑世誣民) 세상을 어지럽히고 백성을 속이는 것.

혼비백산(魂飛魄散) 혼이 날아서 흩어졌다 함은 매우 크게 놀랐다는 뜻.

혼연일치(渾然一致) 차별 없이 서로 합치함.

혼정신성(昏定晨省) 자식이 부모님께 아침저녁으로 잠자리를 보살펴 드리는 것.

홍곡지지(鴻鵠之志) 빈천하면서도 큰 뜻을 품음, 원대한 포부나 영웅호걸을 뜻함.

홍로점설(紅爐點雪) 홍로상점설(紅爐上點雪)의 준말로 ① 뜨거운 불길 위에 한점 눈을 뿌리면 순식간에 녹듯이 사욕이나 의혹이 일시에 꺼져 없어지고 마음이 탁 트여 맑음을 일컫는 말. ② 크나큰 일에 작은 힘이 조금도 보람이 없음을 가리키는 말.

홍익인간(弘益人間) 널리 인간 세계를 이롭게 한다는 뜻.

화광동진(和光同塵) 자기의 지혜를 자랑하는 일 없이, 오히려 그 지혜를 부드럽게 하여 속세의 티끌에 동화함.

화광충천(火光衝天) 불이 일어나서 그 형세가 하늘을 찌를 듯이 사나움.

화룡점정(畫龍點睛) 용을 그려 놓고 마지막으로 눈을 그려 넣음, 즉 가장 긴요한 부분을 완성함.

화복무문(禍福無門) 스스로 나쁜 일을 하면 그것은 화가 들어오는 문이 되고, 스스로 좋은 일을 행하면 그것은 복이 들어오는 문이 된다는 말로, 화복은 스스로 부르는 것이라는 뜻.

화사첨족(畫蛇添足) 쓸데없는 군일을 하다가 도리어 실패함을 비유. 사족(蛇足).

화이부동(和而不同) 남과 사이좋게 지내나 정의를 굽혀서까지 무턱대고 한데 어울리지는 않음.

화용월태(花容月態) 아름다운 여자의 고운 용태(容態)를 이르는 말.

화중지병(畫中之餠) 바라만 보았지 소용이 닿지 않음을 비유한 말. 그림의 떡.

확고부동(確固不動) 확실하고 튼튼하여 마음이 움직이지 않음.

환골탈태(換骨奪胎) ① 얼굴이 이전보다 더 아름다워짐.
② 남의 문장을 본떴으나 형식을 바꿈.

환과고독(鰥寡孤獨) 홀아비, 홀어미, 어리고 어버이 없는 아이, 늙고 자식 없는 사람. 외롭고 의지할 곳 없는 처지의 사람. 사궁(四窮)의 하나.

환호작약(歡呼雀躍) 기뻐서 소리치며 날뜀.

황공무지(惶恐無地) 매우 죄송하여 몸둘 바를 모르다.

황당무계(荒唐無稽) 말이나 행동이 허황되어 믿을 수가 없음.

황음무도(荒淫無道) 술과 여색에 빠져서 사람으로서 하여야 할 도리를 돌아보지 아니함.

회자인구(膾炙人口) 널리 사람들에게 알려져 입에 오르내리고 찬양을 받음.

회자정리(會者定離) 만나면 반드시 헤어지게 마련임. 생자필멸(生者必滅) ↔ 거자필반(去者必返)

횡설수설(橫說竪說) 조리가 없는 말을 함부로 지껄임.

후생가외(後生可畏) 후진들이 젊고 기력이 있어 두렵게 여겨짐.

후안무치(厚顏無恥) 낯가죽이 두꺼워 부끄러운 줄을 모름. 몰염치(沒廉恥), 파렴치(破廉恥)

후회막급(後悔莫及) 일이 잘못된 뒤라 아무리 뉘우쳐도 어찌할 수 없음.

흥망성쇠(興亡盛衰) 흥하고 망함과 번성함과 쇠약함.

흥진비래(興盡悲來) 즐거운 일이 다하면 슬픔이 옴. 흥망과 성쇠가 엇바뀜을 일컫는 말. ↔ 고진감래(苦盡甘來)

희노애락(喜怒哀樂) 기쁨과 노여움과 슬픔과 즐거움, 곧 사람의 온갖 감정.

희색만면(喜色滿面) 기쁜 빛이 얼굴에 가득함.

희희낙락(喜喜樂樂) 매우 기쁘고 즐거워함.

기/출/예/상/문/제

8급

[問 1~16] 다음 글을 읽고 밑줄 친 漢字(한자)의 讀音(독음: 읽는 소리)을 쓰세요.

〈보기〉
女 → 여

우리 집은 山(1) 아래에 있다. 南(2)쪽으로 가면 우리 學(3)校(4)와 中(5) 學校가 나란히 보인다. 나는 一(6)學年(7) 四(8)반이다. 우리 반 教(9) 室(10)의 창은 東(11)쪽에 있는데 門(12)은 北(13)쪽에 있다. 우리 先(14) 生(15)님은 男(16)先生님이다.

(1) 山 (   )   (2) 南 (   )   (3) 學 (   )
(4) 校 (   )   (5) 中 (   )   (6) 一 (   )
(7) 年 (   )   (8) 四 (   )   (9) 教 (   )
(10) 室 (   ) (11) 東 (   ) (12) 門 (   )

(13) 北 (　　　)　　(14) 先 (　　　)　　(15) 生 (　　　)

(16) 男 (　　　)

[問 17~32] 밑줄 친 말에 해당하는 漢字(한자)를 〈보기〉에서 찾아 그 번호를 쓰세요.

〈 보기 〉

① 六　② 長　③ 日　④ 小　⑤ 九　⑥ 月　⑦ 火　⑧ 水
⑨ 西　⑩ 王　⑪ 土　⑫ 大　⑬ 弟　⑭ 兄　⑮ 木　⑯ 女

가. 우리는 화(17)요일부터 토(18)요일까지 학교에 간다. (　　　)

나. 서(19)쪽에는 작은(20) 나라가 있다. (　　　)

다. 임금(21)님은 키가 아주 크(22)다. (　　　)

라. 나에게는 형(23)과 아홉(24)살 된 귀여운 동생(25)이 있다. (　　　)

마. 나무(26) 위에 해(27)와 달(28)이 걸려 있다. (　　　)

바. 길고(29) 큰 물(30)줄기가 마을을 지나간다. (　　　)

사. 나는 육(31) 학년이고 우리 반에는 여(32)학생들이 많이 있다.
(　　　)

기/출/예/상/문/제

[問 33~40] ( ) 안에 알맞은 漢字(한자)를 〈보기〉에서 찾아 그 번호를 쓰세요.

〈보기〉
① 國　② 軍　③ 萬　④ 母
⑤ 民　⑥ 白　⑦ 十　⑧ 五

33. 열 십 (　　　)　　　34. 나라 국 (　　　)
35. 백성 민 (　　　)　　　36. 일만 만 (　　　)
37. 어미 모 (　　　)　　　38. 군사 군 (　　　)
39. 흰 백 (　　　)　　　40. 다섯 오 (　　　)

[問 41~48] 다음 漢字(한자)의 訓(훈; 뜻)과 音(음; 소리)을 쓰세요.

41. 外 (　　　)　　　45. 敎 (　　　)
42. 十 (　　　)　　　46. 土 (　　　)
43. 寸 (　　　)　　　47. 九 (　　　)
44. 七 (　　　)　　　48. 八 (　　　)

[問 49~50] 다음 漢字(한자)의 ㉠획은 몇 번째 쓰는지 〈보기〉에서 찾아 그 번호를 쓰세요.

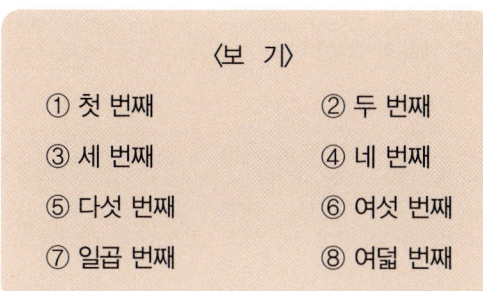

〈보 기〉

① 첫 번째　　② 두 번째
③ 세 번째　　④ 네 번째
⑤ 다섯 번째　⑥ 여섯 번째
⑦ 일곱 번째　⑧ 여덟 번째

49. 靑㉠　　50. ㉠韓

(　　)　　　　(　　)

기/출/예/상/문/제

7급

[問 1~20] 다음 한자의 訓(훈: 뜻)과 音(음: 소리)을 쓰세요.

<보 기>

子 → 아들 자

1. 江 (   )   2. 口 (   )   3. 男 (   )
4. 冬 (   )   5. 動 (   )   6. 時 (   )
7. 不 (   )   8. 少 (   )   9. 前 (   )
10. 上 (   )   11. 足 (   )   12. 夏 (   )
13. 話 (   )   14. 後 (   )   15. 邑 (   )
16. 植 (   )   17. 出 (   )   18. 午 (   )
19. 登 (   )   20. 道 (   )

[問 21~52] 다음 漢字語(한자어)의 음(음; 소리)을 쓰세요.

<보 기>

文字 → 문자

21. 家門 (　　) 22. 人間 (　　) 23. 空中 (　　)
24. 日記 (　　) 25. 山林 (　　) 26. 文學 (　　)
27. 百姓 (　　) 28. 左右 (　　) 29. 電子 (　　)
30. 主人 (　　) 31. 千萬 (　　) 32. 地下 (　　)
33. 大海 (　　) 34. 孝道 (　　) 35. 春秋 (　　)
36. 農村 (　　) 37. 祖上 (　　) 38. 問答 (　　)
39. 立秋 (　　) 40. 內外 (　　) 41. 心中 (　　)
42. 歌手 (　　) 43. 國旗 (　　) 44. 洞里 (　　)
45. 自力 (　　) 46. 面前 (　　) 47. 四方 (　　)
48. 市場 (　　) 49. 天下 (　　) 50. 安心 (　　)
51. 便安 (　　) 52. 漢文 (　　)

기/출/예/상/문/제

[問 53~62] 다음 訓(훈; 뜻)과 音(음; 소리)에 맞는 漢字(한자)를 보기에서 골라 그 번호를 쓰세요.

<보 기>
① 答　② 來　③ 有　④ 川　⑤ 手
⑥ 車　⑥ 全　⑧ 世　⑨ 名　⑩ 平

53. 세상 세 (　　　)　　54. 내 천 (　　　)
55. 대답 답 (　　　)　　56. 온전할 전 (　　　)
57. 이름 명 (　　　)　　58. 올 래 (　　　)
59. 있을 유 (　　　)　　60. 수레 거 (　　　)
61. 손 수 (　　　)　　　62. 평평할 평 (　　　)

[問 63~64] 다음 밑줄 친 단어의 漢字語(한자어)를 <보기>에서 골라 그 번호를 쓰세요.

〈보 기〉
① 空長　② 工場
③ 力道　④ 秋夕

63. 그 사람은 <u>공장</u>에서 일하는 근로자다. (　　)

64. 장미란 선수는 <u>역도</u>에서 금메달을 딴 선수다. (　　)

[問 65~66] 다음 漢字(한자)의 상대 또는 반대되는 漢字(한자)를 〈보기〉에서 골라 그 번호를 쓰세요.

〈보 기〉
① 少　② 小
③ 夏　④ 春

65. (　　) ↔ 老　　　66. (　　) ↔ 秋

기/출/예/상/문/제

[問 67~68] 다음 漢字語(한자어)의 뜻을 쓰세요.

67. 同心 (   )
68. 食事 (   )

[問 69~70] 다음 漢字(한자)의 ㉠획은 몇 번째 쓰는지 〈보기〉에서 찾아 그 번호를 쓰세요.

〈보 기〉
① 첫 번째   ② 두 번째
③ 세 번째   ④ 네 번째
⑤ 다섯 번째 ⑥ 여섯 번째
⑦ 일곱 번째 ⑧ 여덟 번째

69. 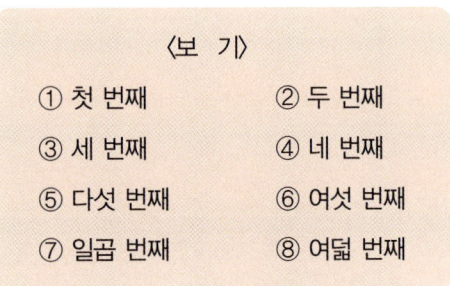 (   )

70. 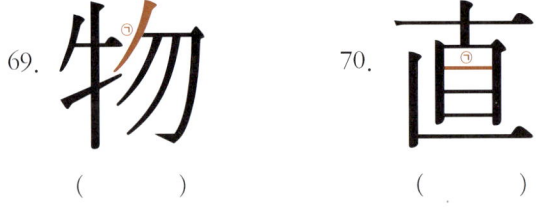 (   )

6급

[問 1~33] 다음 漢字語의 讀音을 쓰세요.

<보기>
漢字 → 한자

1. 注油 (　　)　2. 果樹 (　　)　3. 放言 (　　)
4. 習作 (　　)　5. 分別 (　　)　6. 戰勝 (　　)
7. 各界 (　　)　8. 使者 (　　)　9. 同窓 (　　)
10. 頭部 (　　)　11. 開始 (　　)　12. 目禮 (　　)
13. 共感 (　　)　14. 勇氣 (　　)　15. 美男 (　　)
16. 平野 (　　)　17. 雪夜 (　　)　18. 交通 (　　)
19. 算術 (　　)　20. 親書 (　　)　21. 立席 (　　)
22. 本部 (　　)　23. 身體 (　　)　24. 學習 (　　)
25. 意向 (　　)　26. 特別 (　　)　27. 窓門 (　　)
28. 速成 (　　)　29. 根本 (　　)　30. 昨今 (　　)

기/출/예/상/문/제

31. 溫室 (   ) 32. 文章 (   ) 33. 書堂 (   )

[問 34~56] 다음 漢字의 訓과 音을 쓰세요.

〈보기〉
字 → 글자 자

34. 運 (   )   35. 郡 (   )   36. 銀 (   )
37. 昨 (   )   38. 聞 (   )   39. 野 (   )
40. 特 (   )   41. 向 (   )   42. 住 (   )
43. 太 (   )   44. 表 (   )   45. 計 (   )
46. 發 (   )   47. 溫 (   )   48. 形 (   )
49. 式 (   )   50. 飮 (   )   51. 永 (   )
52. 待 (   )   53. 晝 (   )   54. 近 (   )
55. 注 (   )   56. 重 (   )

[問 57~76] 다음 밑줄 친 漢字語를 漢字로 쓰세요.

<예>
한자 → 漢字

57. 동생은 <u>내년</u>에 초등학교에 간다. (   )
58. 나는 <u>매일</u> 운동을 열심히 한다. (   )
59. 우리 학교는 <u>시내</u>에 있는데도 매우 조용하다. (   )
60. 씩씩한 <u>군가</u> 소리와 함께 군인들이 행군을 한다. (   )
61. 그 산에는 <u>백 년</u>이 넘은 큰 나무들이 많다. (   )
62. 우리 아버지의 고향은 <u>산촌</u>이다. (   )
63. 휴일에는 <u>편안</u>한 옷차림으로 다닌다. (   )
64. 그 사람의 <u>부모</u>님은 모두 교육자이시다. (   )
65. 어릴 때부터 <u>일기</u>를 쓰는 습관은 참 좋은 습관이다. (   )
66. <u>매사</u>를 낙천적으로 생각하는 것이 좋다. (   )
67. 시골에는 버려진 <u>농토</u>가 많다. (   )
68. 이 <u>방면</u>에서 나는 우리 반 최고이다. (   )
69. 영화 속에는 많은 주인공들이 <u>등장</u>한다. (   )
70. <u>시장</u>에 가면 많은 물건이 있다. (   )

기/출/예/상/문/제

71. 나무를 심는 것을 <u>식목</u>이라고 한다. (　　)
72. <u>추석</u>은 우리 민족 최대의 명절이다. (　　)
73. 인간은 만물의 <u>영장</u>이다. (　　)
74. 지금은 농촌에서도 <u>초가</u>지붕을 보기 어렵다. (　　)
75. 올해는 <u>평년</u>보다 훨씬 더운 날씨다. (　　)
76. 규칙적으로 <u>등산</u>을 하는 것은 건강에 좋다. (　　)

[問 77~78] 다음 漢字語의 反對字(반대자) 또는 相對字(상대자)를 골라 그 번호를 쓰세요.

77. 弱 : ① 美　② 京　③ 强　④ 風 (　　)
78. 近 : ① 開　② 速　③ 表　④ 遠 (　　)

[問 79~81] 다음 (　)에 들어갈 漢字를 〈보기〉에서 찾아 번호를 쓰세요.

〈보기〉
① 月　② 老　③ 木　④ 正

79. 不(　　)長生
80. 淸風明(　　)
81. 光明(　　)大

[問 82~83] 다음 漢字와 뜻이 비슷한 漢字를 골라 그 번호를 쓰세요.

82. 畵 : ①信　②明　③山　④圖 (　　　　)
83. 晝 : ①午　②米　③夕　④冬 (　　　　)

[問 84~85] 다음에서 소리는 같으나 뜻이 다른 漢字를 골라 그 번호를 쓰세요.

84. 美 : ①目　②聞　③米　④路 (　　　　)
85. 足 : ①住　②昨　③章　④族 (　　　　)

[問 86~87] 다음 뜻을 가진 단어를 쓰세요.

〈보기〉　산골 마을(산촌) → 山村

기/출/예/상/문/제

86. 아이 같은 마음(동심) → (   )

87. 가을바람(추풍) → (   )

[問 88~90] 다음 漢字의 ㉠획은 몇 번째 쓰는지 〈보기〉에서 찾아 그 번호를 쓰세요.

〈보 기〉
① 첫 번째   ② 두 번째
③ 세 번째   ④ 네 번째
⑤ 다섯 번째   ⑥ 여섯 번째
⑦ 일곱 번째   ⑧ 여덟 번째
⑨ 아홉 번째   ⑩ 열 번째

88. 愛 (   )   89. 短 (   )   90. 窓 (   )

5급

[問 1~35] 다음 漢字語의 讀音을 쓰세요.

> 〈예〉
> 漢字 → 한자

1. 案件 (   )   2. 作曲 (   )   3. 冷情 (   )
4. 種類 (   )   5. 變則 (   )   6. 知識 (   )
7. 善惡 (   )   8. 競爭 (   )   9. 黑板 (   )
10. 熱望 (   ) 11. 廣野 (   ) 12. 許可 (   )
13. 變化 (   ) 14. 筆談 (   ) 15. 充實 (   )
16. 展望 (   ) 17. 順序 (   ) 18. 漁具 (   )
19. 歷史 (   ) 20. 重量 (   ) 21. 熱唱 (   )
22. 廣告 (   ) 23. 養魚 (   ) 24. 奉仕 (   )
25. 最强 (   ) 26. 公園 (   ) 27. 過熱 (   )
28. 期約 (   ) 29. 改善 (   ) 30. 着工 (   )

기/출/예/상/문/제

31. 順番 (   )   32. 所感 (   )   3. 品質 (   )
34. 高貴 (   )   35. 展示 (   )

[問 36~58] 다음 漢字의 訓과 音을 쓰세요.

> 〈예〉
> 字 → 글자 자

36. 班 (   )   37. 亡 (   )   38. 億 (   )
39. 偉 (   )   40. 終 (   )   41. 仙 (   )
42. 倍 (   )   43. 念 (   )   44. 價 (   )
45. 湖 (   )   46. 曜 (   )   47. 類 (   )
48. 領 (   )   49. 洗 (   )   50. 給 (   )
51. 橋 (   )   52. 改 (   )   53. 流 (   )
54. 費 (   )   55. 買 (   )   56. 船 (   )
57. 商 (   )   58. 固 (   )

[問 59~73] 다음 밑줄 친 漢字語를 漢字로 쓰세요.

<보기>

한자 → 漢字

59. 소년합창단에 들었다. (　　)

60. 교실이 매우 조용하다. (　　)

61. 오전에 비가 내렸다. (　　)

62. 그 연필은 내가 애용하는 것이다. (　　)

63. 나는 매일 아침 운동을 한다. (　　)

64. 명절에는 가족이 모두 모인다. (　　)

65. 곧은 선을 직선이라고 한다. (　　)

66. 지하철은 편리한 교통수단이다. (　　)

67. 실내가 매우 크고 화려하다. (　　)

68. 춘추는 봄과 가을을 뜻한다. (　　)

69. 시골은 도시보다 공기가 더 맑다. (　　)

70. 아침마다 오는 신문을 조간신문이라고 한다. (　　)

71. 이제 다시 활동을 시작한다. (　　)

72. 세계 평화를 위해 헌신하신 분이다. (　　)

기/출/예/상/문/제

73. 중요한 것은 과거보다 <u>현재</u>이다. (　　　)

[問 74~78] 다음 訓과 音에 맞는 漢字를 쓰세요.

> **〈보기〉**
> 글자 자 → 字

74. 기다릴 대 (　　　)
75. 효도 효 (　　　)
76. 나무 수 (　　　)
77. 싸울 전 (　　　)
78. 아이 동 (　　　)

[問 79~81] 다음 漢字와 뜻이 반대 또는 상대되는 한자를 쓰세요.

79. 輕 ↔ (　　　)
80. 勝 ↔ (　　　)
81. 新 ↔ (　　　)

[問 82~85] 다음 (   ) 들어갈 漢字를 〈보기〉에서 찾아 그 번호를 써서 漢字語를 만드세요.

〈보기〉
① 成市   ② 天災   ③ 春秋   ④ 見物
⑤ 公明   ⑥ 生老   ⑦ 成家   ⑧ 戰術

82. 自手 (   )
83. 門前 (   )
84. (   ) 生心
85. (   ) 病死

[問 86~88] 다음 漢字와 뜻이 같거나 비슷한 漢字를 〈보기〉에서 찾아 그 번호를 쓰세요.

〈보기〉
① 首   ② 念   ③ 初
④ 見   ⑤ 終   ⑥ 談

기/출/예/상/문/제

86. 言 (　　　)　　87. 頭 (　　　)　　88. 止 (　　　)

[問 89~91] 다음 漢字와 音은 같은데 뜻이 다른 漢字를 〈보기〉에서 두 개씩 찾아 그 번호를 쓰세요.

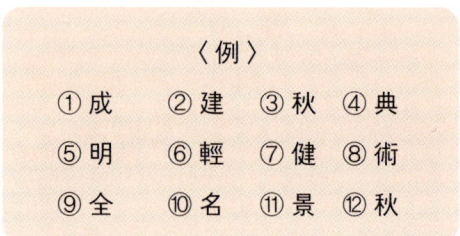

89. 敬 – (　　　), (　　　)
90. 件 – (　　　), (　　　)
91. 傳 – (　　　), (　　　)

[問 92~94] 다음 뜻풀이에 맞는 漢字語를 〈보기〉에서 찾아 그 번호를 쓰세요.

〈보기〉
① 京畿 ② 技士 ③ 造船
④ 記事 ⑤ 朝鮮 ⑥ 記寫
⑦ 祖先 ⑧ 競技 ⑨ 競起

92. 우리나라의 옛이름 (   )
93. 사실을 적음, 또는 그런 글 (   )
94. 기술이나 능력을 서로 겨루는 일 (   )

[問 95~97] 다음 漢字의 略字(약자; 획수를 줄인 글자)를 쓰세요.

95. 學 (   )　　96. 發 (   )　　97. 醫 (   )

[問 98~100] 다음 漢字의 ㉠획은 몇 번째 쓰는지 〈보기〉에서 찾아 그 번호를 쓰세요.

기/출/예/상/문/제

<보 기>
① 첫 번째   ② 두 번째   ③ 세 번째
④ 네 번째   ⑤ 다섯 번째   ⑥ 여섯 번째
⑦ 일곱 번째   ⑧ 여덟 번째   ⑨ 아홉 번째

98. 遠 ( )   99. 順 ( )   100. 目 ( )

단 한번의 승부로 끝내는

한자능력 검정시험

기출 예상문제 정답

기/출/예/상/문/제

정답

⟨8급⟩

1. 산　　2. 남　　3. 학　　4. 교　　5. 중
6. 일　　7. 년　　8. 사　　9. 교　　10. 실
11. 동　　12. 문　　13. 북　　14. 선　　15. 생
16. 남　　17. (7)　　18. (11)　　19. (9)　　20. (4)
21. (10)　　22. (12)　　23. (14)　　24. (5)　　25. (13)
26. (15)　　27. (3)　　28. (6)　　29. (2)　　30. (8)
31. (1)　　32. (16)　　33. (7)　　34. (1)　　35. (5)
36. (3)　　37. (4)　　38. (2)　　39. (6)　　40. (8)
41. 바깥 외　　42. 열 십　　43. 마디 촌　　44. 일곱 칠
45. 가르칠 교　　46. 흙 토　　47. 아홉 구　　48. 여덟 팔
49. (6)　　50. (5)

⟨7급⟩

1. 강 가　　2. 입 구　　3. 사내 남　　4. 겨울 동

5. 움직일 동 6. 때 시 7. 아닐 불 8. 적을 소
9. 앞 전 10. 윗 상 11. 발 족 12. 여름 하
13. 말할 화 14. 뒤 후 15. 고을 읍 16. 심을 식
17. 날 출 18. 낮 오 19. 오를 등 20. 길 도
21. 가문 22. 인간 23. 공중 24. 일기
25. 산림 26. 문학 27. 백성 28. 좌우
29. 전자 30. 주인 31. 천만 32. 지하
33. 대해 34. 효도 35. 춘추 36. 농촌
37. 조상 38. 문답 39. 입추 40. 내외
41. 심중 42. 가수 43. 국기 44. 동리
45. 자력 46. 면전 47. 사방 48. 시장
49. 천하 50. 안심 51. 편안 52. 한문
53. (8) 54. (4) 55. (1) 56. (6)
57. (9) 58. (2) 59. (3) 60. (6)
61. (5) 62. (10) 63. (2) 64. (3)
65. (1) 66. (4) 67. 같은 마음 68. 밥 먹는 일
69. (5) 70. (5)

기/출/예/상/문/제

⟨6급⟩

1. 주유
2. 과수
3. 방언
4. 습작
5. 분별
6. 전승
7. 각계
8. 사자
9. 동창
10. 두부
11. 개시
12. 목례
13. 공감
14. 용기
15. 미남
16. 평야
17. 설야
18. 교통
19. 산술
20. 친서
21. 입석
22. 본부
23. 신체
24. 학습
25. 의향
26. 특별
27. 창문
28. 속성
29. 근본
30. 작금
31. 온실
32. 문장
33. 서당
34. 돌 운
25. 고을 군
36. 은 은
37. 어제 작
38. 들을 문
39. 들 야
40. 특별할 특
41. 향할 향
42. 살 주
43. 클 태
44. 겉 표
45. 꾀 계
46. 필 발
47. 따뜻할 온
48. 모양 형
49. 법 식
50. 마실 음
51. 길 영
52. 기다릴 대
53. 낮 주
54. 가까울 근
55. 물댈 주
56. 무거울 중
57. 來年
58. 每日
59. 市內
60. 軍歌
61. 百年
62. 山村
63. 便安
64. 父母
65. 日記
66. 每事
67. 農土
68. 方面

41. 신선 선	42. 곱 배	43. 생각할 념	44. 값 가
45. 호수 호	46. 빛날 요	47. 무리 류	48. 옷깃 령
49. 씻을 세	50. 넉넉할 급	51. 다리 교	52. 고칠 개
53. 흐를 류	54. 쓸 비	55. 살 매	56. 배 선
57. 헤아릴 상	58. 굳을 고	59. 少年	60. 教室
61. 午前	62. 愛用	63. 每日	64. 家族
65. 直線	66. 交通	67. 室內	68. 春秋
69. 空氣	70. 新聞	71. 活動	72. 世界
73. 現在	74. 待	75. 孝	76. 樹
77. 戰	78. 童	79. 重	80. 敗
81. 舊	82. (7)	83. (1)	84. (4)
85. (6)	86. (6)	87. (1)	88. (5)
89. (6), (11)	90. (2), (7)	91. (4), (9)	92. (5)
93. (4)	94. (8)	95. 学	96. 発
97. 医	98. (7)	99. (3)	100. (3)

69. 登場	70. 市場	71. 植木	72. 秋夕
73. 萬物	74. 草家	75. 平年	76. 登山
77. (3)	78. (4)	79. (2)	80. (1)
81. (4)	82. (4)	83. (1)	84. (3)
85. (4)	86. 童心	87. 秋風	88. (7)
89. (7)	90. (5)		

〈5급〉

1. 안건
2. 작곡
3. 냉정
4. 종류
5. 변칙
6. 지식
7. 선악
8. 경쟁
9. 흑판
10. 열망
11. 광야
12. 허가
13. 변화
14. 필담
15. 충실
16. 전망
17. 순서
18. 어구
19. 역사
20. 중량
21. 열창
22. 광고
23. 양어
24. 봉사
25. 최강
26. 공원
27. 과열
28. 기약
29. 개선
30. 착공
31. 순번
32. 소감
33. 품질
34. 고귀
35. 전시
36. 나눌 반
37. 망할 망
38. 억 억
39. 훌륭할 위
40. 마칠 종